Echt Gott

Echt Gott

Ein Trip durch die Bibel für Jugendliche

Karin Jeromin
Gottfried Mohr
Andreas Weidle

Mit Illustrationen von Sabine Kühn

KREUZ

Nachweis der Bibelstellen

Kapitel	Bibelstelle und Übersetzung
Das Meisterwerk	Gen 1,18 / Lutherbibel
Mit einem Schlag war's totenstill	Gen 4,1–16 / Gute Nachricht Bibel
Schwarz-weiß-bunt	Gen 9,14–16 / Gute Nachricht Bibel
Aus Liebe	Lk 1,28–29; 35–50 / Gute Nachricht Bibel
	aus Mt 1,18–25 / Lutherbibel
Warum?	aus Ps 25,1–18 / Lutherbibel
	Lk 13,1–9 / Gute Nachricht Bibel
@uferstanden	Mk 14,3; Jh 12,2–3; Lk 7,37–38 / Gute Nachricht Bibel
Mut-Anfall zum Frieden	Mt 5,21–22.38–45 / Gute Nachricht Bibel
	Mt 5,3–11 / Lutherbibel
Passion heißt Leidenschaft	Mt 14,17–20 gek. / alles Gute Nachricht Bibel
	14,29.31
	14,66–72 gek.
	14,22–24
	14,32–37 gek.
	14,45–50 gek.
	Jh 18,10–11
	Mk 14,24–26 gek.
	15,31–32 gek.
	Mt 28,1–6 gek.
	28,10 gek.

Gute Nachricht Bibel, revidierte Fassung, durchgesehene Ausgabe in neuer Rechtschreibung,
© 2000 Deutsche Bibelgesellschaft, Stuttgart

Lutherbibel, revidierter Text 1984, durchgesehene Ausgabe in neuer Rechtschreibung,
© 1999 Deutsche Bibelgesellschaft, Stuttgart

Inhalt

Vorwort: Ich – du – wir

I. ICH – du – wir: Wer bin ich?

Das Meisterwerk 10
Selbst-was-wert 18
Wenn ich in den Spiegel schau 28
Mit einem Schlag war's totenstill 44

II. ich – DU – wir: Gott – wer ist das?

Schwarz-weiß-bunt 70
Aus Liebe 82
Warum? 98
@uferstanden 110

III. ich – du – WIR:
Was verbindet mich mit Gott?

Verbotene Früchte 126
Mut-Anfall zum Frieden 148
Passion heißt Leidenschaft 164
Leere Netze - voller Hoffnung 180

ICH — DU — WIR

»Ich bin, der ich bin.«
Aber: Wer bin ich denn?
Oft wäre ich gern anders, als ich bin.
Oder bin ich der Mensch,
den andere in mir sehen?
Oder sehe ich mich so, wie ich meine,
dass andere mich beurteilen?
Wer bin ich für dich?
Wer bin ich für mich?
Wer bin ich wirklich?

»Ich bin, der ich bin.«
Du, Gott, hast diesen Satz von dir gesagt.
Und da steht kein Fragezeichen dahinter.
Du weißt, wer du bist.
Du bist und bleibst so, wie du bist.
Ich bin im Werden, im Verändert-werden.
Ich weiß, dass ich mich suche,
dass ich mich finden kann,
aber auch verlieren.
Dein Name heißt: Ich bin.
Für mich ist das eine Lebensaufgabe.
Ich bin im Werden.
Ob ich mein »Ich bin« finde
im Schatten Deines »Du bist«?

Ein Weiterkommen mit dem Ich,
dem Du, dem Wir,
schlicht: mit dem Leben –
dazu helfen die Geschichten der Bibel.
Diese Geschichten wollen nicht nur
gelesen oder fromm bestaunt werden,
sondern weitererzählt, ins Gespräch
gebracht werden mit deinem Leben.
Sie verknüpfen uns mit dem
fremden »Du« Gottes
zu einem »Wir«.
So geht das:
Denke nach, frage weiter, vergleiche
die »Dichtung« mit dem Original.
Und das Original mit deiner Erfahrung.
Dann probiere aus,
wie sich das anfasst!

Dieses Buch – auf den Nachttisch gelegt –
will Rückenwind für die Seele geben.
Auf dem Schreibtisch kann es
Gedankenfutter für den Geist bieten.
Man kann es alleine lesen –
oder besser noch mit anderen zusammen.
Beim Lesen viel Spaß,
neue Fragen und Einsichten –
das wünschen wir dir!

ICH – du – wir:

Wer bin ich?

Das Meisterwerk

Wer bin ich?

Im Weltall gibt es Hunderte Milliarden von Milchstraßen.
Unsere Milchstraße ist eine davon.
Sie besteht aus zweihundert Milliarden Sonnen.
Unsere Sonne ist eine von ihnen.
Um diese Sonne bewegen sich Planeten.
Einer davon ist unser blauer Planet, genannt Erde.
Auf dieser Erde gibt es eine unendliche Vielzahl von Lebewesen,
darunter auch jene merkwürdige Art: Homo sapiens – der Mensch.
Von dieser Art gibt es wieder einige Milliarden Exemplare.
Und eines von diesen Exemplaren bin ich.
Statistisch gesehen, bin ich fast nicht vorhanden.
Aber es gibt mich trotzdem!
Manchmal habe ich das Gefühl,
das Universum dreht sich nur um mich.
Und manchmal denke ich, ob es mich gibt
oder nicht, ist ganz egal!
Warum gibt es mich?
Warum bin ich, wie ich bin?
Wer bin ich überhaupt?
Und – wo bist du
und gibst mir Antwort
auf meine Fragen?

SELBSTPORTRÄT

Die Gartenpforte quietschte. Hinter den blassroten Stockrosen bewegte sich ein schwarzer Haarschopf. Eine Frauenstimme rief:

»Michi? Komm nur rein, ich bin auf der Veranda!«

Michaels Patentante Angela stand vor einer Staffelei, eine Palette mit Farben in der einen und einen Pinsel in der anderen Hand. Sie betrachtete sich aufmerksam in einem großen Spiegel.

»Hallo, Angie!«, japste Michi noch ganz außer Atem. Er war von der Bushaltestelle bis zum Gartenhäuschen gerannt. Michi gehörte im Laufen nicht gerade zu den Schnellsten, weil er wegen eines Hüftschadens leicht hinkte. Ächzend ließ er sich in den Korbsessel fallen. Von dort aus betrachtete er das bunte Durcheinander von Farbtuben, Lappen und Skizzenblättern.

»Was machst du da?«

»Ich male ein Selbstporträt! Kann man das nicht sehen?«

»Doch, doch!«

Michi warf verstohlen einen Blick auf die Leinwand. Die Umrisse eines Gesichtes waren mit sorgfältigen Pinselstrichen ausgeführt. Der Mund fehlte noch, aber Augen und Nase konnte er schon erkennen.

»Warum machst du kein Foto von dir?«

»Naja, das könnte ich schon. Aber beim Malen lerne ich mich besser kennen.«

Das war typisch Tante Angie! Auf solche ausgeflippten Sachen konnte nur sie kommen – und genau das war der Grund, warum Michi sie so gern hatte. Vor einem Jahr hatte sie plötzlich beschlossen, malen zu lernen. Sie hatte Farben gekauft und dann Bilder über Bilder gemalt. Michi war sich nicht sicher, ob Angie begabt war, aber ihm gefielen ihre Gemälde. Sie waren knallbunt und es gab jede Menge darauf zu entdecken.

»Und, Angie, was hast du Aufregendes über dich herausgefunden?«

»Ich wusste zum Beispiel gar nicht, was für seltsame Ohren ich habe. Ist dir das schon aufgefallen?«

Michi stellte sich neben seine Tante und sah in den Spiegel. Und es stimmte: Sein Ohrläppchen war viel runder und die Muschel weniger stark gebogen als bei Angie.

»Vielleicht sieht ja jedes Ohr deswegen anders aus, damit man gleich sieht, dass wir echte Originale sind. So gehört es sich schließlich für Meisterwerke, oder nicht?«, meinte sie augenzwinkernd.

»Ich und ein Meisterwerk?«, lachte Michi und dann bemerkte er skeptisch:

»Das gilt allerhöchstens bis zum Nabel. Den Rest find ich nicht so berühmt. Da war dein alter Meister wohl nicht so gut in Form.«

Von klein auf hatte Michi viele Monate im Krankenhaus verbringen müssen. Mehrere Operationen und endlos lange Wochen im Gipsbett hatten die Stellung seines Hüftgelenks zwar um einiges gebessert, aber ein großer Fußballspieler oder Skirennläufer würde er nie werden. Er selbst hatte sich inzwischen so ziemlich damit abgefunden – aber seit Kurzem quälte ihn der Verdacht, dass sich die Mädchen doch eher für Fußballspieler oder Skirennläufer zu interessieren schienen.

Angie sah ihm in die Augen.

»Ich versteh schon. Deine Hüfte …«

Sie legte Pinsel und Palette beiseite und holte zwei Gläser Saft. Dann setzte sie sich neben Michi:

»Glaubst du, deine alte Tante Angie und du, wir wären heute so dicke Freunde, wenn du nicht genau so wärst, wie du bist? Dafür bin ich dem alten Herrn da oben ganz schön dankbar!«

Sie überlegte kurz und setzte dann hinzu: »Obwohl, der Herr da droben – vielleicht ist er auch eine alte Dame; eine alte Dame mit einer sehr eigenwilligen Art von Humor, die sich so was wie uns beide ausgedacht hat.«

Michi grinste: »Glaubst du das wirklich?«

»Was? Dass Gott eine Frau ist?«

»Nein; ich meine, das auch, aber … dass es Gott war, der uns gemacht hat, dass wir nicht alle bloß, naja, ein biologischer Zufall sind oder so?«

»Ich finde den Gedanken toll, dass Gott uns als sein Ebenbild geschaffen hat. Etwas, das ihm ähnlich ist – nicht genau so, nicht ohne Fehler, aber so ähnlich. Du und ich, wir sind da, weil Gott uns gewollt hat, wie wir sind.«

»Und wenn ich selber gar nicht so sein will, wie ich bin?«

»Das ist ein Problem. Vielleicht kommt das daher, dass wir uns immer mit anderen vergleichen und uns wünschen, wir wären wie sie – berühmte Schauspieler oder tolle Sportler oder so! Aber das ist ein Spiel, bei

12

dem wir nur verlieren können – oder glaubst du, aus mir wird jemals ein Michelangelo?« Michi lachte.

»Wenn ich mich immer verbiege und eine andere sein will, als ich bin, dann bricht mir das irgendwann das Kreuz. Ein echtes Meisterwerk bin ich nur, wenn ich das Bild von mir habe, das zu mir gehört, weil Gott mich so sieht. Darauf kommt's an: dass aus dir ein echter Michael wird und aus mir eine echte Angela!«

»Amen! Und wie machen wir das?«

Über Tante Angies Gesicht ging ein Lächeln. »Wie wär's, wenn du auch ein Bild von dir malst? Du solltest wirklich deine Schokoladenseite entdecken, finde ich. Und: Ich möchte endlich mal einen echten Michi Reimer über dem Kamin hängen haben!«

Michi überlegte kurz: »Das mit dem Selbstporträt ist schon o.k. – aber ich mach das auf meine Art. Schließlich bin ich ich und nicht du, oder?«

Er zog seine Kamera aus der Tasche und stellte sie auf den Tisch. Prüfend sah er kurz durch den Sucher. Dann stellte er seine Tante neben ihre Staffelei, drückte auf den Selbstauslöser der Kamera, raste zurück zu Angie und hielt seinen Kopf ins Bild. »Klick« machte die Kamera.

»Und ich weiß auch schon, wie ich das Bild nenne«, meinte er. »Michi-angela!«

13

Die Sache mit der Schöpfung

Schöpfungsgeschichten als Spiegel

Die Schöpfungsgeschichten der Bibel versuchen eine Antwort auf die Fragen:
Wer bin ich eigentlich? Zu wem gehöre ich? An welchen Platz bin ich gestellt? Woher kommt eigentlich dieser Drang nach Leben? In diesen Geschichten geht es nicht um eine Erklärung dafür, wie die Welt entstanden ist. Es geht um das Geheimnis meines Lebens in dieser Welt.

Auf ihren ersten Seiten behauptet die Bibel: Jeder Mensch ist ein Original, unverwechselbar und einmalig. Ein guter Gedanke des Gottes, der diese Welt geschaffen und den Bauplan von Leben erfunden hat. Niemand ist eine bloße Laune der Natur, sondern zutiefst gewollt, aus der Liebe heraus entstanden – Gottes Ebenbild.

Kann ich das glauben?

Gottes Ebenbild

»Ganz der Vater!«, strahlt Oma und erkennt im Enkel die Gesichtszüge ihres eigenen Sohnes wieder. Wenn die Bibel vom Menschen als dem Ebenbild Gottes spricht, dann ist ein solcher Rückschluss allerdings unzulässig: Gott hat keine Adlernase wie Klaus und keinen Schmollmund wie Moni. Klaus und Moni sollen aber in der Tat etwas von Gottes Art und Wesen sichtbar machen, leben und zeigen.

Im alten Orient ließ der König überall in seinen Provinzen Figuren, Abbilder seiner Macht und Größe aufstellen. In diesem Ebenbild war der Herrscher selbst anwesend. Die Bibel nimmt nun dieses Bild auf und sagt: Gott lässt sich nicht von einer leblosen Figur vertreten, sondern von Menschen aus Fleisch und Blut.

Im Leben von Klaus und Moni darf und kann und soll etwas vom Wesen Gottes durchscheinen. So wichtig sind die Menschen für Gott.

Kann ich das glauben?

Ich und Du

Von Anfang an braucht ein Menschen einen anderen Menschen. Ein kleines Kind ist nach der Geburt hilflos. Wird später nicht mit ihm gesprochen, erfährt es keine Zuwendung und menschliche Wärme, dann stirbt es. Niemand kann auf Dauer als Robinson allein auf seiner »Privatinsel« existieren. Menschsein ist nicht nur Dasein, sondern Füreinander-da-sein. Liebe verbindet Menschen – und Freundschaft trägt. Das alles ist die Erfindung eines fürsorglichen und liebenden Gottes.

Gott schuf den Menschen zu seinem Bilde, zum Bilde Gottes schuf er ihn; und er schuf sie als Mann und Frau ... [1.Mose/Genesis 1,27]

Das Meisterwerk

**Einen Stift in die Hand und nur keine Hemmungen –
hier ist Platz für ein ganz persönliches Selbstporträt!**

Selbst-was-wert
Jesus begegnet Menschen

**Die Zeitschriften sagen dir, was du anziehen sollst.
Die Clique zeigt dir, was für dich cool sein soll.
Die Erwachsenen wissen, wie du werden sollst.**
Und was willst du?

**Fernsehtalkshows führen vor, was abartig
und deshalb interessant ist.
Dein Lieblingsradiosender gewöhnt dich an die Musik,
die verkauft werden soll.
Die Kaufhausauslagen locken mit dem,
was du bezahlen sollst.**
Und was willst du?

**Die Werbung verspricht den Himmel auf Erden.
Der Pfarrer verspricht den Himmel im Leben –
und erst recht nach dem Tod.
Die Eltern haben den siebten Himmel hinter sich
und wollen nur dein Bestes.**
Und was willst du?

**Wer sagt mir, was ich wollen soll?
Nicht immer nach den anderen schielen,
sich eine eigene Meinung bilden,
sagen können: »Das mach ich und das nicht« –
das alles hat mit Selbstwert zu tun.**

HAST DU WAS, DANN BIST DU WAS?

Ein Werbespot:
Da treffen sich zwei alte Schulfreunde. Nach langen Jahren sehen sie sich wieder. Der eine legt dem anderen Bilder hin und erklärt voller Stolz: »Mein Haus, mein Auto, meine Familie, mein Urlaub!«
Der grinst und zieht seine Fotos aus der Tasche. »Mein Haus, mein Auto, meine Familie, mein Urlaub!« Und dann setzt er ganz lässig noch eins drauf: »Meine Pferde und meine Pferdepflegerinnen!« Natürlich junge, hübsche Mädchen in knappen Badeanzügen.
»Tja«, sagt er überlegen lächelnd, »ich habe eben einen Anlageberater!«

Was steckt dahinter?
Sag mir, was du hast, und ich sage dir, wer du bist! Der Kontostand und das Selbstwertgefühl scheinen zusammenzugehören. Stimmt es wirklich, dass nur der mehr vom Leben hat, der ordentlich mit seinem Reichtum angeben kann?

DER KLEINE GERNEGROß

Da ist Zachäus. Zachäus hat ein Problem. Er ist klein. Er wird übersehen. Er kommt sich selber so mickrig vor. Vielleicht wurde er deshalb Oberzöllner. Er hat sich jedenfalls groß gemacht – und sitzt auf seinem Geldsack. Jetzt fühlt er sich wie der King. Aber die anderen lachen ihn bloß aus.
Als Jesus in die Stadt kommt, steigt Zachäus auf einen Baum, damit er Jesus auch sehen kann. Die anderen lassen ihn einfach nicht vor. Jesus kennt das Problem des Zachäus. Er schaut hinter die Fassade, hinter der sich der Oberzöllner verstecken will. Jesus bemerkt ihn oben auf dem Baum, geht auf ihn zu und sagt: »Zachäus, steig herunter, ich will heute dein Gast sein.«
Nur eine Hand bietet sich Zachäus. Nur Jesus nimmt den Oberzöllner so, wie er ist. Diese Hand sagt: »Jemand beachtet dich!« Das gilt auch mir. Jesus beachtet mich – so, wie ich bin. Bei ihm darf ich sein, wie ich bin, und muss nicht unter Druck so werden, wie die anderen es wollen.
(erzählt von Jugendlichen nach Lukas 19,1–10)

ANGEPASST

Werbespots:

»Ich fühl mich wohl in meiner Haut!« – natürlich mit der besonderen Bodylotion.

»Alles geht frischer!«
Das Leben flutscht locker-flockig und unbeschwert – wenn man nur einen reinen Atem und den richtigen Kaugummi hat!

»Hab ich da was? Ist da was? Siehst du da was?« Zwei Freundinnen auf der Suche nach Pickeln. Schnell zücken sie Wattebäusche und Schönheitspflästerchen. Die Pickel müssen schließlich weg! Denn – wer liebt schon einen Streuselkuchen?

Was steckt dahinter?
Verborgen ist die Botschaft: Freunde, Rettung der makellosen Schönheit, Schluss mit den Beziehungsängsten und damit ein kräftiger Schuss Selbstbewusstsein – alles durch den Griff in den richtigen Tiegel.

DER ANGEPASSTE MANN MIT DER KRANKEN HAND

Jesus besuchte am Sabbat eine Synagoge. Dort saß in der letzten Reihe ein Mann und verbarg seine kranke Hand vor den Menschen.
Jesus sagte: »Tritt vor!«
Als der Mann nach vorne gekommen war, sagte Jesus zu ihm: »Strecke deine kranke Hand aus!«
Und sobald der Mann die Hand ausgestreckt hatte, war sie geheilt.

»Strecke deine Hand aus!« Das heißt doch: »Verstecke nicht, was auch zu dir gehört!«
Das, was ich nicht so gut kann.
Meine Macken und Komplexe.
Oder wenn die anderen lachen,
weil sie selber nicht betroffen sind.
Jesus sagt: »Strecke deine Hand aus!«
Verstecke deine Schwäche nicht.
Das ist Stärke. Steh zu deinen
schwachen Seiten – und sei stark!
(erzählt von Jugendlichen
nach Markus 3,1–6)

Die Sache mit dem Wunderheiler

Was ist ein Wunder?

Menschen, die unheilbar krank sind und plötzlich gesund werden – gibt es das? Zweifler sagen: Die haben sich die Krankheit nur eingebildet. Oder: Die wollen uns täuschen.

Die Medizin kennt den Begriff »Spontanheilung« und meint damit das Verschwinden einer schweren Krankheit ohne Medikamente oder Operationen. Was da vor sich geht, können die Ärzte meist nicht erklären. Manche sprechen in solchen Fällen von einem Wunder. Aber – was ist ein Wunder? Ein rätselhaftes Phänomen, das den Naturgesetzen zu widersprechen scheint? Ein Taschenspielertrick, der die Sensationslust der Menge befriedigen soll?

In biblischer Zeit gehörten Wunder zum Weltbild der Menschen ganz selbstverständlich dazu. Man kannte noch keine unumstößlichen Naturgesetze. Deshalb waren Wunderheilungen auch nichts Unmögliches. Wenn davon erzählt wurde, dass ein Heiler Kranke gesund gemacht oder sogar Tote auferweckt habe, galt das zwar als außergewöhnlich, aber nicht als widernatürlich. Auch die Bibel erzählt Wunderheilungen. Aber ihr geht es nicht um Sensationen, die die Massen begeistern. Wundergeschichten wollen etwas über Gott, über Jesus und die Menschen weitergeben.

Jesus, der Heiler

Im Neuen Testament gibt es viele Berichte davon, dass Jesus Kranke geheilt hat. Selbst seine Gegner haben das nie bestritten. Doch den Evangelisten kommt es in den Heilungsgeschichten, die sie von Jesus erzählen, nicht so sehr auf das Wunder an. Ihnen ist viel wichtiger, wie Jesus auf die Menschen zugeht. Denn Jesus ist anders als die Wunderheiler seiner Zeit: Er sieht die Not der Männer und Frauen, die zu ihm kommen, und hilft ihnen. Meist heilt er sie nur durch sein Wort oder eine knappe Geste. Er fragt: »Was soll ich für dich tun?«, und er sagt: »Du bist geheilt. Dein Glaube hat dir geholfen.« Das klingt nach Zauberei und Magie. Aber dahinter steckt viel mehr.

Jesus spürt, was die Menschen umtreibt, was sie krank macht. Und öffnet ihnen neue Türen für das Vertrauen in Gott, in das Leben, in sich selbst. Glauben und Vertrauen sind im Griechischen, der Sprache des Neuen Testaments, dasselbe Wort. Wenn Jesus vom Glauben spricht, geht es ihm um Vertrauen. Jesus weckt das Vertrauen in Gottes Liebe und gibt dadurch den Menschen Kraft, mit Gott einen neuen Schritt in ihrem Leben zu wagen. Er fordert sie auf: »Sei ganz du selbst. Trau dich, so zu sein wie das unverfälschte Bild, das sich Gott von dir gemacht hat.« Heil und gesund werden bedeutet für Jesus auch, dass die Menschen zurück in die Gemeinschaft mit anderen und mit Gott finden.

Wunder und wundern
Wir wissen natürlich: Krank werden wir immer wieder; wir bekommen Schnupfen und Grippe, wir verstauchen uns den Fuß und manchmal ist es auch eine ernsthafte Krankheit. Und wie oft sind wir gesund geworden! Wir wissen genau, was uns hilft bei dieser und jener Krankheit. Wir sind froh, dass die Ärzte viele Mittel wissen zu helfen. Ist es nicht jedes Mal ein Wunder, dass wir gesund werden? Wenn wir unsere Gesundheit als Wunder bewundern würden, könnten wir dann nicht viel dankbarer leben?

Zeichen und Wunder
Wenn jemand sich von einer schweren Krankheit wieder erholt, dann atmen oft auch seine Mitmenschen auf. Sie sind dankbar dafür, dass das Leben gesiegt hat. Eine Heilung kann so auch zum Zeichen werden. Ein Zeichen gegen die Resignation, ein Zeichen gegen den Tod, ein Zeichen für das Leben.
Die Wunder Jesu sind solche Zeichen. Er tut solche Wunder, solche Zeichen, damit wir eine Richtung sehen in seinem Handeln, eine Richtung für unser Leben. Ein Zeichen, das uns sagt, dass uns nichts, auch nicht Versagen, Krankheit und Leid, von Gottes Liebe trennen kann. Wenn das nicht wunderbar ist!

DER AUFRECHTE GANG

Werbespots:
»Weck den Tiger in dir« – mit den einzig wahren Frühstücksflocken!

»... und die Moral von der Geschicht: Flügel hat man, oder nicht!«
Eines ist sicher: Nur der richtige Energydrink verleiht Flügel!

Was steckt dahinter?
Kraft und Stärke und Selbstbewusstsein. Sich nie mehr unsicher fühlen und klein und mickrig. Wer möchte das nicht? Aber: Ob das Problem wirklich mit einer Getränkedose zu lösen ist?

Die Werbung spielt mit unseren intimsten Wünschen: Ich will reich sein. Ich will schön sein. Ich will akzeptiert sein. Ich will ich selbst sein.

BUCKLIG UND VERKRÜMMT

Eines Tages kam eine Frau in die Synagoge. Ihr Rücken war ganz krumm.
Da sprach Jesus zu ihr: »Frau, du sollst deine Krankheit los sein!« Und er legte die Hände auf sie. Sofort richtete sie sich auf.

Was macht Menschen klein und krumm? Falsche Freunde, manche Lehrer, schlechte Noten. Wenn hintenrum über einen gelästert wird. Wenn man nicht dazugehört, in der Ecke steht. Wenn Sorgen einen niederdrücken. Oder Angst einen ganz klein macht.

Jesus gibt neues Selbstvertrauen. Er richtet die Frau auf.
So, wie gute Noten oder ein unerwartetes Lob einen aufrichten, oder Eltern, die einem etwas zutrauen.
Jesus liebt die Menschen. Deshalb befreit er sie von der Last, die sie niederdrückt. Und Jesus gibt den Menschen ihr Selbstvertrauen zurück: Sie gehen wieder aufrecht und werden frei und fröhlich.
(von Jugendlichen erzählt nach Lukas 13,10–17)

DER VERGLEICHER

Am Teich Bethesda trifft Jesus
auf eine Gruppe kranker Menschen.
Unter ihnen ist ein Mann,
der schon 38 Jahre gelähmt ist.
Jesus fragt den Mann:
»Willst du gesund werden?«

Man erzählte sich damals:
Wenn sich das Wasser im Teich bewegt,
wird der gesund, der als Erster hineinspringt.
Doch der Gelähmte sagt:
»Wenn ich laufen könnte wie die anderen,
dann hätte ich eine Chance. Aber so?
Wenn ich einen hätte, der mir hilft,
dann ...«

Wenn ..., dann ...
Wenn ich andere Eltern hätte, dann ...
Wenn ich besser aussehen würde, dann ...
Wenn ich sportlicher wäre, dann ...
Wenn-dann-Sätze helfen nicht weiter.
Das Vergleichen mit anderen bringt nichts.
Das legt uns fest auf unsere Vergangenheit,
auf unsere schwache Seite,
unser Selbstmitleid.

Jesus weiß das und sagt nicht süß säuselnd:
»Ach du armer, dicker, bepickelter,
ständig zu kurz gekommener Mensch
ohne Freundin, ohne Hochschulstudium,
ohne eine Million auf dem Konto.«
Er bleibt bei seiner Frage:
»Willst du überhaupt gesund werden?
Willst du deine Wut, deine Enttäuschung,
dein Selbstmitleid hinter dir lassen?
Oder willst du einfach liegen bleiben,
festgelegt, so, wie du schon immer warst?«

Jesus sagt: »Du kannst aufstehen!«
Und der Kranke hätte ihm einen Vogel
zeigen und liegen bleiben können.
Aber er steht auf.
Jesus sagt: »Du kannst tragen.«
Und der Kranke nimmt seine Matte, auf
der er fast vier Jahrzehnte gelegen hat,
in die eigene Hand.
Er überwindet ein Dasein,
auf das er so lange festgelegt war,
nimmt es in die Hand, steckt es weg.
Jesus sagt: »Du kannst gehen.«
Und der Kranke steht auf und geht!

(nach Johannes 5,1-9)

Du kannst wollen.
Du kannst wünschen.
Du kannst aufstehen und deinen Weg gehen.
Du kannst Fehler machen und umkehren.
Du kannst dir deinen eigenen Kopf gönnen
und dein eigenes Herz.
Du kannst sagen, was du denkst, und tun, was du sagst.
Du kannst deinen eigenen Weg finden und gehen.

Weil Jesus sagt:
Ich bin bei dir, alle Tage.
Ich bin der Weg, auf dem du gehen kannst.
Ich kenne dich.

Deshalb kannst du darauf vertrauen:
Ich bin begleitet.
Ich bin in allem behütet.
Ich bin ein wertvoller Mensch.

Ist das auch nur ein frommer Werbetrick,
der dir was verkaufen will, wie all die anderen?
Hinter dieser Botschaft steht kein Konzern,
auch kein Konzern »Kirche«.
Sondern ein Mensch, der Vertrauen verdient:
Jesus aus Nazareth.

Selbst-was-wert

**Eine kleine Bestandsaufnahme für mündige Leserinnen und Leser:
Wo liegen meine Stärken? Wo meine Schwächen?
Und wie können aus den Schwächen echte Stärken werden?**

Wenn ich
in den Spiegel schau ...

Du schaust ziemlich oft in den Spiegel, oder?
Was siehst du? Wen siehst du? Was möchtest du gerne sehen?
Was gefällt dir gar nicht, wenn du so in den Spiegel schaust?

Stell dir vor, es gäbe einen Spiegel, der dir auch das zeigt,
was nur mit den inneren Augen zu sehen ist!
Das Spiegelbild hinter der Oberfläche,
das Gesicht hinter der Maske,
die Wirklichkeit hinter dem,
was du auf den ersten Blick erkennen kannst.
Die Jona-Geschichte ist so eine
hintergründige Spiegelgeschichte,
eine Gleichnisgeschichte,
die sagen und erzählen will:
So bist du, Mensch – wie Jona –
und so ist Gott –
Gott sei Dank!

»Geh nach Ninive! Geh in die große Stadt! Sag den Leuten von Ninive, dass sie böse sind. Was sie tun, wie sie denken, wie sie leben, ist falsch! Sag es ihnen!«

Kein schöner Auftrag für Jona. Wer will so eine Botschaft hören? Wer will so eine Botschaft weitersagen? Jona will es nicht. Er flieht. Er geht nach Jafo zum Hafen, zahlt den Preis für die Schiffsreise nach Tarsis. So will er dem Auftrag entfliehen.

Auf hoher See bricht ein gewaltiges Unwetter aus. Das Schiff droht zu zerbrechen. Die Seeleute werfen in höchster Not die Ladung über Bord. Nur Jona liegt unter Deck und schläft. Da weckt ihn der entsetzte Kapitän: »Steh auf und bete, damit wir nicht untergehen!«

Den anderen Seeleuten ist Jona verdächtig: »Der hat Schuld auf sich geladen. Der ist schuld an dem Unwetter!«

Sie werfen das Los. Es trifft Jona. Er bekennt, dass er auf der Flucht ist, auf der Flucht vor Gott und seinem Auftrag. Nun weiß keiner mehr ein und aus.

»Was sollen wir tun, damit das Meer sich beruhigt?«, fragen sie.

Und Jona antwortet: »Nehmt mich und werft mich ins Meer, dann wird die See sich beruhigen.«

So etwas Schreckliches wollen die Seeleute nicht tun. Sie rudern mit aller Kraft dem Land entgegen. Doch der Sturm wird noch stärker. Da wissen sie keinen anderen Rat mehr und werfen Jona in die aufgewühlten Fluten. Das Meer wird ruhig. [nach Jona 1]

Dein ganz persönlicher Jona-Psycho-Spiegel-Test

1. Ein Prophet ist kein Wahrsager, sondern einer, der die Wahrheit sagt. Einer, der sagt, was Gott will.

- ❍ Dann bin ich auch ein Prophet! Ich könnte zumindest einer sein …
- ❍ Ich, ein Prophet? Quatsch!
- ❍ Ich glaube schon, dass Gott mich gebrauchen kann. Wozu?
- ❍ _____

2. Gott findet seinen Jona. Kannst du dir vorstellen, dass Gott auch dich irgendwo treffen will?

- ❍ Ich mache meine Dates selber aus.
- ❍ In der Schule, in der Freizeit, in einem Menschen, der mir gut tut, in einem unruhigen Herzen, in einem Wort, das mich trifft – Gott höchstpersönlich! Warum nicht?!
- ❍ Gott und ich – kennen wir uns?
- ❍ Ich _____

3. Wo liegt dein »Ninive«? Wohin du bestellt bist? Wovor drückst du dich? Vor welchen Aufgaben und Entscheidungen läufst du weg? Mit welchen Ausreden begründest du dein Weglaufen?

- ❍ Tja, also, wer geht schon gerne zum Zahnarzt?
- ❍ Was heißt da weglaufen? Soll doch der andere kommen und den ersten Schritt tun. Ich hab das doch nicht nötig!
- ❍ Ich weiß, ich sollte eigentlich ganz dringend _____

4. Kennst du die Angst, sich zu blamieren, ausgelacht zu werden, der Dumme zu sein? Wie gehst du damit um?

- ❍ Angriff ist die beste Verteidigung!
- ❍ Angst, was ist das?
- ❍ »Nie sollst du so tief sinken, von dem Kakao, durch den man dich zieht, noch selbst zu trinken!« (Erich Kästner)
- ❍ _____

▶ 30

5. Jona verzieht sich in die Koje tief unten im Schiff. Wohin ziehst du dich zurück, wenn die Fahrt unruhig wird und es in deinem Leben »stürmt«?

○ Kopfhörer auf, Musik an
○ Auf dem Klo ist immer für mich Platz.
○ In mich selber – nichts mehr hören, nichts mehr sehen, nichts mehr tun.
○ _____

6. Jona verzieht sich in die Koje tief unten im Schiff. Weshalb hast du Schuldgefühle und ein schlechtes Gewissen? Was tust du dagegen?

○ Runterschlucken
○ Ich bin ganz sicher: Die anderen sind schuld!
○ Wenn man nur jemanden zum Reden hätte …
○ _____

Jona versinkt **im Meer. Seine Flucht ist gescheitert. Sein Leben ist gescheitert. Das ist das Ende. Da kommt ein großer Fisch und verschluckt den Ertrinkenden. Gerettet im Bauch des Fisches betet Jona: »Du hast mich ins Meer geworfen. Die Wellen sind über meinem Kopf zusammengeschlagen. Ich bin in der Tiefe versunken. Ich dachte, du hast mich für immer verstoßen, aber du hast mein Leben gerettet. Ich habe gebetet. Du hast geholfen. Ich will dir danken, du mein Gott.«**

Drei Tage und drei Nächte ist Jona im Bauch des Fisches. Dann spuckt der Fisch ihn aus – ans Land. [nach Jona 2]

31

Die Sache mit Jona und dem Fisch

Grenzenlos

Das biblische Jonabuch ist vermutlich im 4. Jahrhundert vor Christus entstanden, als Ninive schon längst in Schutt und Asche lag. Jahrzehnte lang mussten Juden in der Fremde leben. Jetzt sind sie zurückgekommen in ihr Land und stellten fest: Da lebten längst fremde Menschen mit anderen Religionen. Was also sollten sie tun? Sollten sie sich abgrenzen? Die anderen ausgrenzen? Sollten sie sich anpassen? Oder sollten sie einfach aufpassen, dass sie ihren Gott nicht verlieren in diesem religiösen Supermarkt der vielen Möglichkeiten?

Die Antwort des Jonabüchleins? Gottes Barmherzigkeit kennt keine Grenzen! Weder Ländergrenzen, noch Volksgrenzen. Sie macht nicht einmal Halt vor den Grenzen widerspenstiger Gotteskinder, die untertauchen, weil sie alles besser wissen wollen als Gott selbst!

Im Bauch des Fisches

Es klingt wie im Märchen: Ein großer Fisch verschluckt den Jona, rettet ihn und bringt ihn, einem göttlichen U-Boot gleich, wieder auf den rechten Weg. War es ein Walfisch? Wie hat der Jona dort Luft gekriegt? Was hat er im Fischbauch denn drei Tage lang gegessen und getrunken?

Der Erzähler der Bibel beschreibt bewusst etwas Unmögliches. Für ihn ist der Fisch ein Bild, ein Symbolfisch, besser gesagt: ein Gottesfisch! Er ist ein Zeichen für den Gott, der auch dann noch einen Weg weiß, wo ich keinen mehr sehe; der auch dann noch Möglichkeiten hat, wo meine am Ende sind; der nicht hoch droben thront, sondern auch unten, in der Tiefe, der für seine Jonas da ist. Niemand muss an wie auch immer geartete Fischarten glauben. Eingeladen zu glauben sind wir allerdings an den Gott, der aus der Enge in die Weite, vom Irrweg wieder auf den rechten Weg, aus dem Tod ins Leben bringen kann. Kann ich das glauben?

**1. Untergehen und auftauchen, himmelhoch jauchzend und zu Tode betrübt, beinahe sterben vor Angst und weinen vor Freude ...
Kommt dir das bekannt vor?**

○ Manchmal gibt's das bei mir sogar gleichzeitig.
○ Nee, kenn ich nicht. Mein Leben ist immer so in der Mitte.
○ Gibt's nur im Film!
○ _____

2. Drei Tage und drei Nächte können unendlich lang sein, wenn du Angst hast, wenn dich Sorgen drücken, wenn du einen Kummer hast, der dich nicht schlafen lässt, wenn du eingesperrt bist in ein Problem, für das du keinen Ausweg findest. Hast du das schon erlebt?

○ Möchte ich nicht dran denken!
○ Kloß im Bauch, Knödel im Hals, immer derselbe Gedanke im Kopf ... Kenn ich!
○ »Meide den Kummer und meide den Schmerz, dann ist das Leben ein Scherz!«

○ _____

3. Viele sagen: Gott ist oben im Himmel. Suchst du ihn eigentlich auch unten, auf der Erde? Dort, wo du bist?

○ Gott, ganz in der Nähe, in meiner Freude und auch im Schmerz, ja, das glaub ich.
○ Hab ihn noch nicht gesehen, hat mir auch noch kein Bier bezahlt!
○ Gott so nah – das wär mir, ehrlich gesagt, nicht so recht!
○ _____

4. Wie dreckig muss es dir gehen, damit du anfängst zu beten?

○ Beten ist Kinderkram!
○ Manchmal betet es ganz von alleine in mir.
○ Warum bete ich eigentlich nur, wenn ich vom Chef was will?
○ _____

33

5. Hast du das schon einmal erlebt: Du bist bewahrt worden, noch einmal davongekommen, gerettet worden. Es war wie ein Wunder. Oder?

○ Nee, bloß Schwein gehabt.
○ Ja, danke!
○ Kann mich nicht erinnern?!
○ _____

6. Du hast noch einmal eine Chance bekommen. Kannst noch einmal von vorne beginnen. Darfst noch einmal einen neuen Versuch wagen. Kennst du das nicht auch?

○ Den gleichen Quatsch nochmal? Nein, danke!
○ Das nächste Mal mach ich alles anders, garantiert!
○ Es gibt immer ein nächstes Mal!
○ _____

»Geh nach Ninive! Geh in die große Stadt! Sag den Leuten von Ninive, dass sie böse sind. Was sie tun, wie sie denken, wie sie leben, ist falsch! Sag es ihnen!«

Jetzt geht Jona nach Ninive in die große Stadt. Drei Tage braucht man vom einen Ende zum anderen. Jona erfüllt seinen Auftrag und warnt die Leute: »Noch vierzig Tage – und Ninive wird untergehen!« Die Menschen erschrecken. Sie horchen auf. Sie lassen sich warnen. Sie rühren kein Essen mehr an und nichts mehr zu trinken. Die Festkleider werden mit groben Säcken vertauscht – als Zeichen der Buße. Sogar der König zieht sein Purpurgewand aus und befiehlt ein öffentliches Fasten für Mensch und Tier. Alle sollen sich in Säcke hüllen und Gott um Vergebung bitten. Und der Lebensstil soll sich von Grund auf ändern, alles Böse sollen sie hinter sich lassen. Vielleicht, so hofft Ninive, wird so das Unglück abgewendet.

Und nach vierzig Tagen erleben die Menschen: Ninive wird verschont. Ninive geht nicht unter. [nach Jona 3]

1. Stell dir vor, du selbst bist ein Bewohner von Ninive. Was gefällt dir? Was stört dich? Was macht dir Angst? Was möchtest du verändern?

◯ Bin wunschlos glücklich.
◯ Also, das nervt mich schon lange:
  _____
◯ Wenn sich was ändern soll, dann müsste ich damit anfangen ...
◯ _____
  _____

2. Wie viel Zukunft gibst du unserem Planeten noch? Meinst du, »Ninive« kann sich ändern?

◯ Wenn morgen die Welt unterginge, dann würde ich heute noch ein Apfelbäumchen pflanzen.
◯ Gestern standen wir am Abgrund, heute sind wir schon einen Schritt weiter!

◯ Diese Welt ist Gottes Welt. Wie viel Zukunft gibt er uns noch?
◯ _____
  _____

3. Man gewöhnt sich an vieles: an dumme Ausdrücke, ans viele Fernsehen, an faule Schlamperei. Was muss geschehen, damit du dein Verhalten änderst?

◯ Ich muss es wollen!
◯ Ein seelisches Erdbeben
◯ Ein herzhafter Tritt in den Hintern von einem Menschen, der es gut mit mir meint.
◯ _____
  _____

Ninive ist gerettet und Jona ist wütend. Er betet in seiner Wut:

»Gott, du bist gnädig, barmherzig, langmütig und von großer Güte. Ich weiß das schon lange und es ärgert mich sehr.

Du drohst Strafe und Unheil und nachher tut's dir Leid. Ich bin am Ende, Gott.

Nimm meine Seele, ich möchte lieber tot sein als leben.«

Jona geht zur Stadt hinaus, setzt sich in der Hitze in den Staub und erwartet sein Ende. Da wächst aus dem Boden eine Staude. Sie wird größer, wächst Jona über den Kopf und spendet ihm kühlenden Schatten. Jona freut sich. Seine Lebenslust kehrt zurück.

Am nächsten Tag vor Sonnenaufgang kommt ein Wurm und nagt die Staude an. Die Staude lässt die Blätter hängen. Die Sonne geht auf. Die Staude verdorrt. Ein heißer Ostwind kommt. Jona ist wieder der erbarmungslosen Hitze ausgesetzt. Wieder verzweifelt er: »Ich möchte lieber tot sein als leben.«

Da versteht Jona, was Gott ihm sagen will: »Du bist traurig, weil die Staude eingegangen ist, die dir Schatten gespendet hat. Du hast sie aber nicht gepflanzt, du hast sie nicht großgezogen. Sie ist gewachsen und in einer Nacht eingegangen. Aber ich soll nicht traurig sein, wenn Ninive, die große Stadt, untergeht?

Hundertzwanzigtausend Menschen leben dort, die nicht mal wissen, wo rechts und links ist, und viele, viele Kinder.«
[nach Jona 4]

4. Die Umkehr in Ninive beginnt bei den »kleinen Leuten« und mit vielen kleinen Schritten. Erst später bekehrt sich der König. Welche kleinen Schritte könntest du tun für den Frieden und für Gerechtigkeit unter den Menschen, oder für die Bewahrung der Schöpfung?

○ Die eigenen Beine benützen und nur Auto fahren, wenn ich muss.
○ Aufhören mit »Hintenrumgelaber« über andere.
○ Vorurteile durchschauen lernen.
○ _____

▶ 36

5. Fasten heißt nicht nur wenig essen, sondern auch einmal ganz bewusst auf etwas verzichten oder nicht alles haben müssen. Kannst du fasten?

○ Nur, wenn ich muss.
○ Weiß nicht, hab's noch nicht probiert.
○ Wenn's nicht weh tut?!
○ _____

1. Jona ist sauer. Warum wohl? Kennst du das auch: sauer werden, weil nicht alles so läuft, wie du es gedacht oder geplant hast?

○ Sauer sind bei mir nur die Gurken im Glas.
○ Sauer werd ich nicht, nur verdächtig ruhig.
○ Ich fahre aus der Haut, haue auf den Tisch, explodiere kontrolliert.
○ _____

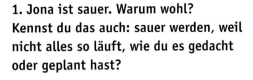

2. Warst du schon einmal zornig auf Gott, weil er nicht eingreift, nicht dazwischenschlägt, wenn so viel Schlimmes geschieht in Ninive oder ganz in deiner Nähe?

○ Nee, der wird schon wissen, was er tut.
○ Ich versteh ihn einfach nicht!
○ Darf man das?
○ _____

3. »Ich hab es satt! Ich will nicht mehr! Ich spiel nicht mehr mit! Ich halte mich raus! Sollen die anderen doch ohne mich auskommen!« Kennst du solche Gedanken? Wann hast du sie zum letzten Mal gedacht?
»Ich mach nichts mehr! Ich doch nicht!« »Abwarten und Tee trinken«, aus sicherer Entfernung – kennst du das?

○ Modell »Beleidigte Leberwurst« – kenn ich!
○ Eingeschnappt bin ich nicht. Aber sollen die anderen doch machen, was sie wollen ...
○ Ich halt mich raus, dann kommt man auch in nichts rein.
○ _____

4. Da wächst eine Pflanze einfach so über Nacht. Ein willkommener Schatten, ein freundlicher Gruß von Gott. Welche schönen Dinge sind für dich wie ein Geschenk, dir einfach so in den Schoß gefallen? Was fällt dir ein? Meinst du, das muss so sein? Hast du das verdient?

○ Mein Leben, meine Freunde, die Luft zum Atmen und Sachen zum Lachen.
○ Alles Wichtige ist kostenlos: die Liebe, die Freundschaft, das Leben.
○ Schöne Dinge? Kann ich mir nicht leisten!
○ _____

**5. Jona hat den Untergang Ninives angekündigt und nichts ist passiert.
»Wie stehe ich jetzt da? Das ist ja peinlich. Ich bin blamiert! Ich armer, armer Tropf!« Kennst du Selbstmitleid?**

○ Nein! Was ist das, »peinlich«?
○ Ja! Ich bin immer der Depp. Bei allen!
○ Aber sicher! Und außerdem bin ich nachtragend, rachsüchtig und gemein, ich armes Würstchen …
○ _____

**6. »Kein Mensch kann immer nur gut sein! Warum immer nachgeben? Mit Güte kommt man nicht weit!«
Stimmt das? Was meinst du?**

○ Stimmt. Wenn du der Gute sein willst, bist du am Ende immer der Depp.
○ Quatsch! Irgend jemand muss doch aussteigen aus dem Kreislauf des Bösen!
○ Stark ist, wer verzeihen kann.
○ _____

7. Kennst du das auch, dass am Ende einer Geschichte, meiner Geschichte, kein Punkt steht, kein Abschluss, kein Happy End, sondern …

○ … ein Fragezeichen: Wie geht's weiter?
○ … ein Doppelpunkt: Da ist viel Platz für mehr.
○ … ein Ausrufezeichen: He Leute, das bin ich!
○ _____

Auswertung:

Du hast öfter als zehnmal die freie Linie neben den Ankreuzkästchen ausgefüllt.

Herzlichen Glückwunsch! Du leistest dir deinen eigenen Kopf. Das ist ein Luxus, den du dir weiterhin gönnen solltest. Unbequem manchmal, aber genial. Deine ganz persönliche Duftmarke. Steh dazu – und andere werden dich riechen können!

Du hast öfter als zehnmal mehrere Kästchen bei einer Frage angekreuzt.

Bist ein nachdenklicher Mensch. Schnelle Lösungen sind nicht so deine Sache. Gut so und herzlichen Glückwunsch! Mit Fastfood ist das Leben nicht in den Griff zu kriegen. Viel eher hilft dabei, um die Ecke zu denken, Gegensätze auszuhalten, Kompromisse zu suchen und immer neue Fragen zu stellen. Weiter so!

Du konntest mehr als zehn Fragen nicht beantworten.

Ein ganz dringender Tipp für Härtefälle wie dich: Stelle dich vor den nächsten Spiegel, den du findest, und sprich laut die folgenden Sätze nach: »Ich bekenne hiermit: Ich bin ein fauler Hund! Zu faul zum Denken. Zu faul, um ehrlich zu sein – vor allem mir selbst gegenüber! Gott hat mir einen Verstand gegeben zum Denken, ein Herz zum Fühlen, einen Mund zum Lachen. Alles darf ich benützen. Ab sofort werde ich das tun!«
Und jetzt gehst du die Fragen, die du nicht beantwortet hast, nochmals an – mit Hirn, Humor und Herz!

Jona, du bist schon ein eigenartiger Prophet!
Weißt du, bei vielen dieser berühmten biblischen Gestalten,
aber auch bei vielen Menschen, mit denen ich mich vergleiche,
da hatte ich den Eindruck: Die waren so gut, so gut bin ich nicht.
Die waren so mutig, so mutig bin ich nicht.
Die sind so genial, so ein toller Hecht bin ich nicht.
Bei dir ist das anders.
Du warst stinksauer – bin ich auch oft.
Du bist kein besonders guter Mensch – ich auch nicht.
Du hattest Angst - die habe ich auch.
Du bist davongelaufen – das tue ich oft auch.
Du bist mit dir selbst unzufrieden – das bin ich manchmal auch.
Ich bin froh, dass ich dich kennen gelernt habe.
Deine Bekanntschaft macht mir Mut. Mut zu mir selbst!
Ich muss gar nicht der beste aller Menschen sein.
Ich muss gar nicht immer mutig sein.
Ich darf auch mal sauer sein,
unzufrieden und darf Angst haben.
Und ich kann trotzdem ein Mensch sein,
der für Gott etwas tun kann.

Und Gott?
Gott ist einer, der Gnade vor Recht ergehen lässt,
der mir nicht immer die alten Fehler
unter die Nase reibt und sagt: selber schuld!
Einer, der meinen Weg begleitet. Das ist gut so.

Wenn ich in den Spiegel schau ...

Jona, was ich dir noch sagen wollte:

Mit einem Schlag
war's totenstill

19-Jährige brachte ihr Baby um
Gestern Prozessbeginn – Langes Geständnis

Altdorf (kpa) »Ich wollte nur, dass es still ist«, sagte die 19-jährige Angeklagte. Sie hatte im vergangenen Jahr ihr schreiendes Baby gegen die Wand geschleudert. Das Mädchen starb. Gestern war Auftakt im Mordprozess vor dem Landgericht Altdorf.

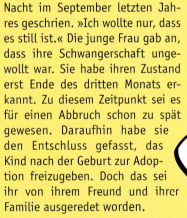

Mit einem Geständnis der angeklagten Mutter hat gestern der Prozess um die Tötung des sechs Monate alten Mädchens begonnen. »Es stimmt, dass ich Vanessa gegen die Wand geschlagen habe«, erklärte die 19-jährige Kerstin H. unter Tränen vor der Jugendkammer des Landgerichts Altdorf. Anschließend habe sie ihre Tochter ins Bett gelegt und sei selbst wieder schlafen gegangen. Das Baby starb kurz darauf an seinen schweren Kopfverletzungen. Das bemerkte die Mutter, als sie ihrem Kind am nächsten Morgen die Flasche geben wollte.

Wie es zu der Tat kam, konnte die Angeklagte nicht mehr erklären. »Es war alles so chaotisch an diesem Tag«, erzählte sie. Das Kind habe – wie so häufig – in jener Nacht im September letzten Jahres geschrien. »Ich wollte nur, dass es still ist.« Die junge Frau gab an, dass ihre Schwangerschaft ungewollt war. Sie habe ihren Zustand erst Ende des dritten Monats erkannt. Zu diesem Zeitpunkt sei es für einen Abbruch schon zu spät gewesen. Daraufhin habe sie den Entschluss gefasst, das Kind nach der Geburt zur Adoption freizugeben. Doch das sei ihr von ihrem Freund und ihrer Familie ausgeredet worden.

DAS ERSTE VERBRECHEN

Kerstin H: »Als ich meinem Freund erzählt hab, dass ich schwanger bin, hat er gesagt: ›Das schaffen wir schon, ich helfe dir.‹ Aber dann hat er mich mit dem Kind so oft allein gelassen.«

Die Tat

Das Land, in dem die grausige Geschichte passiert ist, heißt Erstland. Warum heißt dieses Land so? Weil in Erstland alles zum ersten Mal geschieht.

In Deutschland, zum Beispiel, werden jeden Sonntagabend in den Wohnzimmern millionenfach Menschen ermordet – zum Glück nicht in Wirklichkeit, aber im Fernsehen beim »Tatort«. In Erstland leben alle Menschen friedlich zusammen. Niemand richtet die Pistole auf einen anderen. Keine Polizeiwagen rasen mit quietschenden Reifen durch die Straßen. Es gibt gar keine Pistolen, es gibt noch keine Autos und keine Fernsehapparate.

Die Sonne scheint oft in Erstland und manchmal erfrischt ein warmer Regen. Auf den Feldern wachsen Getreide und Gemüse, auf den Bäumen reifen saftige Früchte. Im weiten Grasland weiden Schafe, Ziegen und Rinder. Sie geben Milch, Wolle, Fleisch und Leder. In kleinen Dörfern leben die Familien von Ackerbau und Viehzucht. Und die Kinder können noch auf der Straße mit ihren Murmeln spielen. Die Straße ist kein gefährliches Pflaster, auf dem Autos entweder dahinrasen oder die Spielfläche zuparken.

In Deutschland sagen ältere Leute, wenn etwas Neues passiert: »Das ist alles schon mal da gewesen!« Dabei erfinden die Menschen in Deutschland jede Minute etwas Neues. Sie denken sich Spiele für den Computer aus, bei denen Kinder auf Menschenjagd gehen und Männer und Frauen abschießen. Nur wenige regen sich darüber auf, weil es alles immer früher auch schon gegeben hat. In Erstland passiert jeden Tag etwas Neues – und die Leute sitzen abends am Brunnen zusammen und erzählen sich, was es Neues gibt, und staunen, dass die Gerste so schön wächst, und freuen sich über jedes Kind, das laufen gelernt hat oder zum ersten Mal »Mama« sagt.

Aber es passiert in Erstland nicht nur Gutes zum ersten Mal. An einem helllichten Tag geschieht zum ersten Mal eine grauenvolle Untat:

Auf dem Getreidefeld der Familie Madave entdeckt die Dorfälteste Omola eine Leiche. Der zweite Sohn der Familie Madave liegt blutüberströmt am Boden, neben seinem Kopf eine Hacke. Omola ist gelähmt vor Schreck. Nie hat sie bisher ein so entstelltes Gesicht gesehen. Sie reißt Gräser aus und deckt den Toten zu. Dann läuft sie, so schnell sie ihre alten Beine tragen, ins Dorf.

Wenig später sind die Bewohner Erstlands auf dem Dorfplatz versammelt. Es herrscht betroffenes Schweigen und eine drückende Stille. Omola, als Dorfälteste, muss das Wort ergreifen. Mit zitternder Stimme fragt sie: »Wer hat das getan? Wer hat Leba, den Sohn der Madaves, erschlagen?«

Schnell merken die Bewohner, dass zwei von ihnen nicht da sind. Der eine ist Alon, der Einsame. Er lebt seit Jahren ganz für sich auf einer kleinen Insel vor der Küste. Er kommt nie zu den Versammlungen. Der andere ist … alle ahnen es, nur er kann der Täter sein … und wenn er es ist, dann ist das Geschehen noch entsetzlicher. Der, der fehlt, ist Naik. Naik ist der ältere Bruder von Leba, der Erstgeborene der Familie Madave. Entsetzlich: Der Bruder hat den Bruder erschlagen!

> **Kain sagte** zu seinem Bruder Abel: »Komm und sieh dir einmal meine Felder an!« Und als sie draußen waren, fiel er über seinen Bruder her und schlug ihn tot. [1.Mose/Genesis 4,8]

Man findet Naik zusammengekauert hinter einem Busch auf der Schafweide. Die Männer gehen mit langsamen Schritten auf ihn zu. Einige bücken sich und heben Steine vom Boden auf. Da dreht sich Omola um und blickt in die hassverzerrten Gesichter der Männer. »Geht!«, befiehlt sie mit fester

46

Stimme, »ich habe mit Naik allein zu reden.«
Am Abend bringt Omola Naik mit einem Ruderboot auf die Insel. Sie redet lange mit dem alten Alon. Ihre Rede endet mit den Worten: »So bitte ich dich: Behüte Naik! Die Menschen wollen ihn töten, weil er getötet hat. Wir aber müssen erst überlegen, was Recht ist. Eine solche Tat ist noch nie geschehen. Wir brauchen Ruhe und guten Rat.« Mit diesen Worten verabschiedet sich Omola und rudert zum Festland zurück.

Wie jeden Tag vor dem Schlafengehen tritt Omola aus ihrer Hütte und blickt zum Sternenhimmel:
»Weite des Himmels«, spricht sie, »höre meine Stimme: Entsetzliches ist geschehen. Einer von uns ist erschlagen.
Wer kann so etwas tun? Ja, wer kann so etwas tun?
Was ist der Mensch?
Wunderbares Wesen, voll Liebe und Vernunft. Und ebenso Abgrund von Wut und Hass und Zerstörung.
Weite des Himmels, hilf uns, dass wir das Rechte tun.«

Kerstin H.: »Ich hab daran gedacht, das Kind freizugeben zur Adoption. Ich hab gesagt: ›Ich schaffe das nicht. Ich fühl mich nicht reif für ein Kind.‹ Aber alle waren dagegen: ›Das kannst du nicht machen! Du kannst doch dein eigenes Kind nicht irgendwelchen Fremden geben‹, haben sie gesagt. Also habe ich mich mal wieder überreden lassen zu dem, was andere wollten. Wie immer.«

Fürsprecher und Gegensprecher
Am nächsten Morgen sieht Omola Männer am Ufer stehen. Sie schreien zur Insel herüber. Sie schreien: »Naik, du Feigling, komm aus deinem Versteck!«
Sie haben Knüppel in der Hand und Steinschleudern. Sie meinen es ernst. Omola geht auf die Männer zu. Sie hat Angst, aber die lässt sie sich nicht anmerken. Sie sagt: »Wie soll denn Naik zu euch kommen? Er hat doch kein Boot. Meint ihr, er kann übers Wasser laufen?« Omola wollte die Männer zum Lachen bringen. Aber keiner von ihnen lacht.
»Dann rudern wir eben zu ihm!«, sagt einer drohend.

»Das tut ihr nicht!«, befiehlt Omola. »Hört auf zu schreien und hört mir zu. Einer von uns ist erschlagen worden. Deshalb wollt ihr wieder einen von uns erschlagen. Und was passiert dann? Muss dann wieder der Töter getötet werden? Soll so das Totschlagen immer weitergehen?«
»Was sollen wir dann tun mit Naik, der Leba erschlagen hat?«, rufen die Männer.
»Ruhe wollen wir bewahren und fragen, was Recht ist«, antwortet Omola, die ihre Gelassenheit wieder gefunden hat. »Kommt, wir halten Rat auf dem Dorfplatz.«

Alle sind auf dem Dorfplatz versammelt. Omola hält eine Rede – kurz und treffend, wie es ihre Art ist:
»Liebe Menschen in Erstland, das ist noch nie da gewesen in unserem Land. Ein Mensch ist getötet worden.
Trauer, Wut und Entsetzen sind in unseren Herzen, großes Mitleid empfinden wir für Frau und Herrn Madave.«

> ***Adam schlief*** mit seiner Frau Eva, und sie wurde schwanger. Sie brachte einen Sohn zur Welt und sagte: »Mit Hilfe des Herrn habe ich einen Mann hervorgebracht.« Darum nannte sie ihn Kain. Später bekam sie einen zweiten Sohn, den nannte sie Abel. Abel wurde ein Hirt, Kain ein Bauer.
> [1.Mose/Genesis 4,1]

Omola fährt fort: »Der Sohn hat den Sohn, der Bruder hat den Bruder erschlagen.
Nun müssen wir einen neuen Weg finden, mit Tat und Täter umzugehen.
Einige fordern: Tötet den Täter! Ich sage: Das ist nicht Recht.
Warum? Wenn ein Tod den nächsten Tod nach sich zieht, dann hört das Töten niemals auf. Und: Ist Naik wirklich der Täter? Wie könnten wir uns jemals verzeihen, wenn wir den Falschen getötet hätten?«
»Lächerlich!«, schreit eine Frau. »Natürlich hat Naik Leba erschlagen!«
»Schreien hilft nicht weiter«, sagt Omola ruhig. »Wir müssen in aller Ruhe einen Weg finden.«

▶ *48*

»Alle sind jetzt immer gegen Naik«, sagt da plötzlich ein Mädchen. »Naik hat mir immer einen Apfel geschenkt, wenn Ernte war.«

»Du bringst mich auf eine Idee«, sagt da Omola. »Hört meinen Vorschlag: Wir suchen einen Menschen von uns, der für Naik spricht, und einen, der gegen ihn spricht. Wir nennen den einen den Fürsprecher und den anderen den Gegensprecher. Wir geben ihnen eine Woche Zeit. Dann hören wir, was der Fürsprecher für Naik sagen wird und was der Gegensprecher gegen Naik sagen wird. Dann werde ich zusammen mit dem Weisen Rat entscheiden, was mit Naik zu geschehen hat. Bis zur Entscheidung bleibt Naik auf der Insel. Niemand darf ihm etwas zu Leide tun. Seid ihr einverstanden?«

Alle stampfen mit ihren Füßen auf den Boden. Das ist das Zeichen, dass sie den Vorschlag gut finden.

Eine Frau ist sofort bereit, die Aufgabe der Gegensprecherin zu übernehmen. Ankla ist jung, gerade erst verheiratet und bei allen beliebt. Alle sind dafür, dass Ankla die Gegensprecherin wird, und stampfen mit den Füßen.

Die Rolle des Fürsprechers lehnen zunächst alle ab. Zu sehr sind sie über die Tat entsetzt. Da sagt Verte: »Ich bin mit Naik aufgewachsen. Er ist so alt wie ich. Wir waren keine dicken Freunde, aber Naik hat mir nie etwas Böses getan. Naik braucht einen Fürsprecher. Einer muss es ja machen.«

»Ich bin für Verte«, sagt da ein Kind und alle stampfen ihre Zustimmung.

Nun ist Verte der Fürsprecher und Ankla die Gegensprecherin. Nur ein Problem gibt es bei dieser Entscheidung: Verte ist der Mann von Ankla.

»Damit müssen wir fertig werden«, sagt Ankla. Und da hat sie Recht.

Während die Bewohner auf dem Dorfplatz aufgeregt miteinander sprechen und diskutieren, ist es auf der Insel ganz still. Naik sitzt mit finsterem Blick unter einem Baum und sagt kein Wort. Alon schleicht immer wieder um ihn herum und versucht, ein Wort aus ihm herauszubekommen.

»Jetzt ist endlich einer da, mit dem ich mich unterhalten könnte«, sagt er zu sich selbst, »und dann redet der kein Wort! Da kann ich gleich wieder mit den Fischen sprechen.« Am Abend bringt Alon Naik ein Brot und ein paar Feigen. Naik wendet sich von ihm ab. In der Nacht schleicht Alon noch einmal an Naiks Platz vorbei. Naik schläft. Das Brot und die Feigen hat er gegessen.

Omola tritt wieder vor dem Schlafengehen aus ihrer Hütte unter den Abendhimmel.
»Weite des Himmels«, spricht sie, »höre meine Stimme:

Es ist keine Freude mehr unter uns, weil Schlimmes geschehen ist. Nie wieder kann es gut gemacht werden. Leba wird nie wieder unter uns sein.
Wie kann das Leben weitergehen?
Wie können die Wut und der Hass besänftigt werden?
Was sollen wir tun mit dem, der so schwere Schuld auf sich geladen hat?
Weite des Himmels, hilf uns, dass wir das Rechte tun.«

Kerstin H.: »Wir sind dann zu den Eltern von meinem Freund gezogen. Die haben sich sehr um Vanessa gekümmert – viel zu viel eigentlich. Vor allem Bernds Mutter hat mir alles abgenommen. Da habe ich mich dauernd gefühlt, als könnte ich gar nichts. Deshalb hab ich zu trinken angefangen – erst Bier, dann Schnaps.«

Ankla bei Naik

Ganz früh am Morgen rudert Ankla zur Insel. Alon, der Einsame, bringt sie zu Naik. Naik sitzt mit verschlossenem Blick unter dem Baum.

»Wo ist dein Bruder Leba?«, fragt die Gegensprecherin.

Naik hebt den Kopf und schaut Ankla verächtlich an.

»Soll ich meines Bruders Hüter sein?«, fragt er spöttisch.

»Ja«, sagt Ankla, »das sollst du. Wir alle sind füreinander verantwortlich. Und du ganz besonders für deinen Bruder. Wo ist dein Bruder Leba?«

»Man hat mich hier auf die Insel gesperrt. Woher soll ich's wissen? Man hat mich ausgestoßen und ich weiß nicht, warum. Dich frage ich: Wo ist mein Bruder Leba?«

»Ich will es dir sagen«, sagt Ankla mit scharfer Stimme. »Omola hat ihn gefunden. Auf deinem Acker hat sie ihn gefunden. Am Boden lag er. Blut lief aus seinem Kopf. Sein Gesicht war von Schreck und Schmerz verzerrt. Und die Hacke, deine Hacke, lag neben Leba. Sein Blut schreit gen Himmel!«

> **Der Herr** fragte Kain: »Wo ist dein Bruder Abel?« »Was weiß ich?«, antwortete Kain. »Bin ich vielleicht der Hüter meines Bruders?« »Weh, was hast du getan?«, sagte der Herr. »Hörst du nicht, wie das Blut deines Bruders von der Erde zu mir schreit?«
> [1.Mose/Genesis 4,9–10]

In diesem Augenblick verbirgt Naik das Gesicht in seinen Armen. Lange Zeit sagt er nichts. Man hört nur sein Stöhnen. Ankla kann warten. Sie sitzt neben ihm. Naik hebt den Kopf nicht und spürt dennoch Anklas Blick. Endlich fängt er zu reden an:

»Ich habe die Hacke gegen meinen Bruder

erhoben. Sein Grinsen war so frech. Sein Glück war so unerträglich, sein Erfolg so demütigend. Ich habe die Hacke gegen ihn erhoben. Aber ich habe ihn nicht getötet. Ich habe ihn nur geschlagen. Brüder schlagen sich manchmal. Du bist eine Frau. Du verstehst das nicht.«

Anklas Augen funkeln. Wut kommt in ihr auf.

»Ja, ja, Jungen kämpfen miteinander und Mädchen gehen Hand in Hand am Ufer spazieren! Und du hast deinem Bruder nur ein wenig auf die Schulter geklopft. Da frage ich mich doch: Warum ist jetzt sein Schädel gespalten? Ich sage dir, wie es war: Du hast es nicht ertragen, dass es neben dir, dem Erstgeborenen, noch einen zweiten Bruder gibt; einen zweiten, den deine Eltern auch lieben wie dich. Du willst allein der Größte sein. Du willst die Herden haben. Du willst die Äcker haben. Du willst alles haben. Und da hast du dir gedacht: Ich kann nur alles haben, wenn er, der Kleine, um die Ecke gebracht wird. Da hast du die Hacke genommen, deinen Bruder aufs Feld gelockt: ›Bruderherz, schau mal, wie schön das Getreide wächst!‹. Und wie er sich dann heruntergebeugt und die Pflanzen angeschaut hat, da hast du ihn totgeschlagen, heimtückisch von hinten, aus reiner Habgier. Pfui!«

Ankla hat sich in ihre Wut hineingesteigert. Naik ist von ihren Worten wie erschlagen. Er sagt nur: »Nein, so war's nicht!« Und schweigt.

Unglücklich fährt Ankla zum Festland zurück. Sie ärgert sich, weil sie ihre Wut nicht beherrschen konnte. Naik hat zwar zugegeben, dass er Leba umgebracht hat, aber was wirklich geschehen ist, weiß sie weniger als je zuvor.

Alon bringt abends das Essen zu Naik. Da fängt Naik plötzlich zu erzählen an:

»Manchmal wache ich mitten in der Nacht auf; schweißgebadet. Ein schlimmer Traum hat mich gefesselt. Ich träume, dass Lebas Herden immer größer werden. Aus seinen Schafen werden riesige Rinder mit Mäulern, groß wie Scheunentore. Sie trampeln über meine Felder. Sie fressen mit ihren riesigen Mäulern alles kahl. Ihre Hälse werden lang und länger. Jetzt fressen sie sogar die Blätter von den Bäumen. Und dann höre ich im

Traum Leba lachen, ein hässliches, schadenfrohes Lachen. Wie froh bin ich, wenn ich aufwache und weiß: Es ist nur ein Traum. Immer wieder habe ich diesen Traum geträumt.«

Alon hat mit offenem Mund zugehört. »Endlich eine spannende Geschichte! Rede ruhig weiter, Naik; ich bring dir Obst und ein Gläschen Wein, dann erzählt's sich leichter.«

Naik isst das Obst und trinkt schweigend den Wein; einen Becher, zwei Becher und immer noch mehr. Der Wein steigt in seinen Kopf und löst seine Zunge.

»Du hättest mich sehen sollen«, lallt er, »bevor ich mich verlobt habe. Ich war der Größte im ganzen Land. Du hättest meine Bohnen sehen sollen, so lang wie mein Arm, die Äpfel an meinen Bäumen so groß wie ein Menschenkopf, mein Getreide so hoch, dass sich Pferde darin verstecken konnten. Aber bei meinem Bruder Leba – die paar Schäfchen, die waren ja immer kurz vorm Verhungern. Und die Ziegen, die haben mehr Mist gemacht als Milch gegeben. Du hättest meinen Vater hören sollen, wie stolz der auf mich war. ›Dir gelingt alles besser als mir‹, sagte der immer. Und: ›Du bist mein Großer; du bist der Größte!‹, sagte er ... sagte er ... wenn er's doch gesagt hätte, nur ein Mal gesagt hätte, nur ein einziges Mal ...« Und in diesem Augenblick fängt der große Naik an, bitterlich zu weinen wie ein Kind. Er schluchzt und sackt in sich zusammen, dann fällt er wimmernd in tiefen Schlaf.

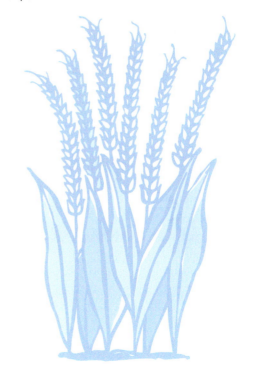

> **Einmal brachte** Kain von seinem Ernteertrag dem Herrn ein Opfer. Auch Abel brachte ihm ein Opfer; er nahm dafür die besten von den erstgeborenen Lämmern seiner Herde. Der Herr blickte freundlich auf Abel und sein Opfer, aber Kain und sein Opfer schaute er nicht an. Da stieg der Zorn in Kain hoch und er blickte finster zu Boden.
> [1.Mose/Genesis 4,3–5]

Alle schlafen, nur Omola nicht. Sie hat lange mit den unglücklichen Eltern gesprochen, mit Herrn und Frau Madave. Sie haben am selben Tag zwei Söhne verloren, der eine erschlagen, der andere in tiefste Schuld gefallen. Omola hat selber Kinder großgezogen. »Wenn mein Kind so etwas Entsetzliches getan hätte«, hat sie im Gespräch gesagt, »ich glaube, ich würde es trotzdem lieben.«

Omola tritt vor dem Schlafengehen aus ihrer Hütte unter den Abendhimmel.
»Weite des Himmels«, spricht sie, »höre meine Stimme: Gibt es böse Menschen? Gibt es Menschen, die nur böse sind, und gar nichts ist gut an ihnen?
Wenn es solche Menschen gibt, warum dürfen sie leben unter der Weite des Himmels? Warum hast du sie geschaffen?
Weite des Himmels, hilf uns, dass wir das Rechte tun.«

Kerstin H.: »Irgendwie habe ich mich nicht wie eine Mutter gefühlt. Mit dem Kind konnte ich nicht viel anfangen. Vielleicht kommt das daher, weil mich meine Eltern als Kind so schlecht behandelt haben. Meine Mutter hat mich für jede Kleinigkeit stundenlang in einen Schrank gesperrt. Und mein Vater hat mich oft so geschlagen, dass ich umgefallen bin. Mit denen bin ich einfach nicht klargekommen. Immer wieder gab es Streit.«

Verte bei Naik

Am nächsten Morgen fährt Verte mit dem Ruderboot zur Insel.

»Mir kannst du alles sagen, Naik«, beginnt er das Gespräch. »Ich will für dich sprechen und alles sagen, was dich entlastet. Vertrau mir.«

»Was weißt denn du von dem, was mich belastet?«, antwortet Naik. »Leba ist tot, mein geliebter Bruder. Leba ist erschlagen. Kann ein Mensch so ein Scheusal sein, dass er seinen eigenen Bruder erschlägt?«

»Naik, leugnen hilft doch nichts«, sagt Verte. »Ich bin dein Fürsprecher. Ich kann dir nur helfen, wenn du ganz offen zu mir bist. Es gibt doch gar keinen Zweifel, dass du Leba erschlagen hast. Gib es doch zu! Wenn du leugnest, wird alles noch schlimmer!«

»Ich soll Leba erschlagen haben, ich, Naik, der erstgeborene Sohn der Familie Madave? Du kennst mich doch: Ich war immer gut und fleißig. Ich konnte keiner Fliege etwas zu Leide tun. Ich bin Bauer und lebe von den Früchten des Feldes. Mein Bruder, der schlachtet seine Schafe. So etwas würde ich nie übers Herz bringen. Ich soll Leba erschlagen haben?«

»Verstellst du dich, Naik? Spielst du Theater? Mach nicht alles noch schlimmer! Wenn du bereust, wird der Weise Rat gnädiger sein mit dir. Das weiß doch jeder: Nur du kannst Leba getötet haben.«

Naik richtet sich auf und schaut Verte direkt in die Augen:

»Ich weiß, dass ich Leba erschlagen habe; aber ich kann es überhaupt nicht getan haben! So etwas Entsetzliches kann ich nicht getan haben. Und wenn es dennoch wahr ist, kann ich weiterleben mit dieser Schuld? Wenn ich am Ufer stehe und sich mein Gesicht im Wasser spiegelt, kann ich mir noch ins Gesicht sehen? Nein, ich kann es nicht. Immer schaut mich im Spiegelbild der Mörder meines Bruders an. Und wenn die Wellen das Bild verzerren, dann sehe ich mein wirkliches Spiegelbild: die Fratze des Bösen.«

Verte hatte sich das Gespräch anders vorgestellt. Er hatte geglaubt, Naik werde sich selber verteidigen, so wie man sich als Kind verteidigt, wenn man etwas angestellt hat. Als Kind hatte er dann gesagt: »Ich hab's getan, ja, aber ich kann nichts dafür, ich hab es auch nicht tun wollen, die anderen sind schuld ...« Jetzt aber spürt Verte, dass er nicht Ausreden sammeln, sondern wirklich zum Fürsprecher werden muss.

»Naik, lass dir doch helfen! Erzähl, wie es wirklich war. Du bist schuld, aber du nicht allein und nicht an allem. War es nicht so: Leba und du, ihr hattet Streit. Brüder streiten nun mal. Naik, das ist ja keine Schande! Und er war nun mal der Stärkere. Und der hat dich im Schwitzkasten gehabt. Hat dir sicher auch die Gurgel zugedrückt. Und du hast dir nicht anders zu helfen gewusst, du hast die Hacke ja noch in der Hand gehabt. Da hast du zugeschlagen. Du hast dich nur wehren wollen und dabei ist er gestorben. So war es doch, Naik?«

»So war es nicht!«, sagt Naik mit fester Stimme.

»Aber«, Verte ist ganz aufgeregt, »du kannst doch sagen, dass Leba dich provoziert hat. Zu Hause hat er wieder gelästert, dass seine Herden mehr einbringen als deine Früchte. Ich kenn ihn doch auch, den Leba, das alte Lästermaul. Und dann hast du gesagt: ›Schau dir mal meine Felder an, du wirst staunen, wie das Getreide steht!‹ Und Leba ist mit dir gegangen, aber er hat immer weiter gelästert über dein ›Unkraut‹. Und da hast du die Wut gekriegt und auf ihn eingeschlagen. Du hattest ja die Hacke in der Hand. Da ist er gestürzt, so unglücklich auf den Kopf gefallen, dass er hat sterben müssen. War es nicht so, Naik?«

»So war es nicht!«, sagt Naik mit fester Stimme und er fügt drohend hinzu: »Und sage du nichts Böses über meinen Bruder, der tot ist, den ich erschlagen habe, sonst …«

Verte rückt unwillkürlich weg von Naik. Er denkt fieberhaft nach.

»Naik, hör zu! Vor ein paar Tagen war doch Erntedankfest. Da haben wir der Weite des Himmels die Erstlinge des Feldes und die Erstlinge der Herden geopfert. Du warst so anders auf diesem Fest, hast nicht mitgetrunken, nicht mitgegessen, nicht getanzt. Was war mit dir? Hast du in deiner Seele gezweifelt, ob die große Weite des Himmels dein Opfer annimmt? Ich habe es doch selber gehört, wie der Priester gesagt hat: ›Wenn du fromm bist, kannst du deinen Blick frei erheben. Wenn du aber nicht fromm bist, lauert die Sünde vor deiner Tür.‹«

»Priester reden oft in Rätseln!«, unterbricht ihn Naik mürrisch.

»Dann habe ich also Recht«, redet Verte weiter, »dann war da was mit dem Opfer! Dein Opfer ist nicht anerkannt worden, so wie das Opfer deines Bruders. Damit bist du beleidigt worden. Das hat deine Wut entfacht. Das versteht jeder. Und wetten, dein Bruder Leba hat dich daran erinnert, bevor die Sache mit der Hacke passiert ist. War es so?«
»Lass Gott, die große Weite, aus dem Spiel! Vielleicht weiß sie allein, wie es wirklich war. Aber sie will von mir nichts mehr wissen! Sie hat mich verstoßen. Das ist das Schlimmste von allem.«
Naik steht auf, geht ans Ufer und beugt sich über die spiegelnde Wasseroberfläche. Angewidert spuckt er ins Wasser, sich selbst ins Gesicht.

> **Der Herr** fragte Kain: »Warum bist du so zornig? Warum starrst du auf den Boden? Wenn du Gutes im Sinn hast, kannst du den Kopf frei erheben; aber wenn du Böses planst, lauert die Sünde vor der Tür deines Herzens und will dich verschlingen. Du musst Herr über sie sein!« [1.Mose/Genesis 4, 6–7]

Am Nachmittag hat Omola Verte und Ankla zu sich geladen. Das junge Paar sitzt vor der alten Frau. Sie haben sich weit voneinander abgewendet. Omola schaut beiden lange ins Gesicht. Dann sagt sie: »Redet miteinander, ich befehle es euch, redet miteinander!«

Das Gespräch zwischen Verte und Ankla kann niemand wiedergeben. Sie sprechen miteinander eine halbe Nacht, so als würde es nicht um Naik gehen, sondern um sie

selbst. Und sie kämpfen beide um Naik, als käme er nicht aus der Familie Madave, sondern wäre ihr Kind. Am Ende sagt Verte zu seiner Frau: »Du bist die Gegensprecherin und ich der Fürsprecher, aber ich glaube, du verstehst Naik besser als ich.«

In dieser Nachtstunde tritt Omola aus ihrer Hütte unter den Abendhimmel.

»Weite des Himmels«, spricht sie, »höre meine Stimme: Wie kann ein Mensch mit seiner Schuld leben, wenn sie so schwer wiegt?

Wie kann ein Mensch sich wieder selbst lieben, wenn er so tief gesunken ist?

Muss Strafe deshalb sein, damit danach ein neues Leben beginnen kann?

Oder nur, damit Leben danach irgendwie weitergehen kann?

Weite des Himmels, hilf uns, dass wir das Rechte tun.«

Kerstin H.: »Ja, ich hab Vanessa schon auch immer wieder geschlagen, wenn sie gebrüllt hat wie am Spieß. Warum? Ich weiß es selber nicht. Ich hab ihr so weh getan. Aber ich weiß nicht, warum. Und ich hab Vanessa doch immer wieder getröstet. Manchmal hatte ich alles ganz gut im Griff, aber an manchen Tagen auch gar nichts.«

Die Verhandlung

Alle Bewohner von Erstland sind auf dem Dorfplatz versammelt. Unter dem alten Olivenbaum sitzt Omola, links von ihm Ankla, rechts Verte. Naik sitzt Omola gegenüber mit dem Rücken zu der Menge.

Omola hält die erste Rede:

»In Erstland ist zum ersten Mal ein Verbrechen begangen worden. Wir wissen nun, dass der Mensch dem Menschen auch zum Feind werden kann. So wie wir heute zum ersten Mal mit der Schuld eines Menschen umgehen, so wird es immer sein, von nun an bis in alle Zukunft.

Was ist geschehen? Leba ist tot. Er starb, nachdem ihn ein Schlag getroffen hat. Die

Hacke seines Bruders Naik hat ihn getroffen. Naik hat zugegeben, dass er den Schlag ausgeführt hat. Er ist ohne Zweifel der Täter. Warum hat er es getan? Was ist die gerechte Strafe?«

Nun hat Ankla das Wort. Sie sagt:
»Liebe Menschen in Erstland! Naik hat eine schreckliche Tat begangen. Er trägt die Schuld am Tod seines Bruders Leba. Daran besteht kein Zweifel. Woher und warum das Böse in unser friedliches Land eingezogen ist, das vermag niemand zu sagen. Nur eins ist klar: Seit dieser Tat ist unendliche Trauer über uns gekommen. Wir trauern mit Familie Madave. Sie hat den einen Sohn durch den Tod verloren und den anderen, weil er in tiefe Schuld gesunken ist. Aber genauso hat Naik seinen Bruder, seine Eltern und seinen Platz in der Gemeinschaft verloren!«
Omola unterbindet streng das Gemurmel der Menge. Empörung will aufkommen. Ankla spricht weiter:

»Naik muss bestraft werden. Dadurch wird Leba nicht lebendig. Keine Strafe kann die Tat aufwiegen. Deshalb darf Naik nicht getötet werden!«

Wieder regt sich Unmut bei den Zuhörerinnen und Zuhörern.
»Naik muss bestraft werden, damit wir eine Grenze setzen und zeigen, was sein darf und was nicht sein darf in unserer Gemeinschaft.«
Die Leute stampfen mit den Füßen Zustimmung. Omola wird rot vor Zorn. Sie befiehlt den Bewohnern, der Verhandlung von nun an in völliger Stille zu folgen.
»Naik muss bestraft werden, damit er mit seiner Tat leben kann. Er muss die Strafe tragen, damit die unerträgliche Schuld für ihn tragbar wird. Er hat ein Leben ausgelöscht. Damit hat er die Gemeinschaft zwischen sich und uns zerstört. Er kann bei uns nicht mehr leben.
Ich beantrage folgende Strafe: Naik muss Erstland verlassen und wird ausgestoßen. Er wird wohl im Lande Nod Zuflucht finden. Für die, die meinen, dass die Strafe nicht hart genug sei, füge ich hinzu: Das Ackerland in Nod ist unfruchtbar und karg. Naik, der erfolgreiche Bauer, wird dort den Acker bebauen und kaum Ertrag ernten. Er wird unstet von Ort zu Ort ziehen. Das hat er seiner Tat zuzuschreiben. Aber eines zum

59

Schluss: Wenn das Urteil gesprochen ist, dann hat das Verurteilen ein Ende. Dann hat Naik bezahlt und wir werden schweigen. Nur er allein muss noch mit der Tat fertig werden – mit sich und mit der Weite des Himmels.«

»*Du hast* den Acker mit dem Blut deines Bruders getränkt, deshalb stehst du unter einem Fluch und musst das fruchtbare Ackerland verlassen. Wenn du künftig deinen Acker bearbeitest, wird er dir den Ertrag verweigern. Als heimatloser Flüchtling musst du auf der Erde umherirren.«
[1.Mose/Genesis 4,11–12]

Viele Leute schütteln den Kopf. Sie hatten erwartet, dass Ankla Böses über Böses auf den Täter häuft. Omola aber duldet keine Unruhe.
Dann hat Verte das Wort:
»Bürgerinnen und Bürger«, sagt er, »auch ich meine, dass Naik schuld ist am Tod seines Bruders Leba. Naik möge mir verzeihen, dass ich versucht habe, herauszufinden, warum er diese Tat begangen hat. Ich habe schmerzlich lernen müssen, dass diese Tat für Naik selber das größte Rätsel ist. Auch ich habe tiefes Mitleid mit Familie Madave und allen, die in Leba einen Freund verloren haben. Ich habe aber auch Mitleid mit Naik, der etwas so Schreckliches getan hat, dass er sich nun selber nicht mehr ins Gesicht sehen kann. Wie ist es zu dieser Tat gekommen? Ich kann nur so viel sagen:

Die Feindschaft zwischen den beiden Brüdern Naik und Leba ist über Jahre hin gewachsen. Aus Freunden sind Rivalen geworden. Naik fühlte sich immer hinter den Zweitgeborenen zurückgesetzt, der Bauer hinter den Schäfer gedrängt. Ja, sogar von der großen Weite des Himmels fühlte sich Naik ungerecht behandelt. Die Ermahnung des Priesters hat er als tiefe Demütigung empfunden. Ein Mensch, der sich von Gott nicht geliebt weiß, ist ein gebrochener Mensch. Ein Mensch, der sich von Gott verstoßen fühlt, wird zu allem fähig. Diese dunklen Gefühle und Gedanken haben Hass und Wut in Naik aufkommen lassen, die sich in der grauenvollen Tat entladen haben. Mehr kann ich zu ihrer Erklärung nicht sagen. Die Tat selbst und ihre Folgen reichen aus als Strafe. Naik ist genug gestraft mit dem, was er getan hat. Und weil er bei uns so nicht mehr leben kann, fordere ich, wie die Gegensprecherin, dass er unseres Landes verwiesen wird. Wir können Naik aus unserem Land vertreiben. Nie aber werden wir vertreiben können, dass Böses in unserem Land geschieht.«

Das letzte Wort hat der Angeklagte. Naik sagt:

»Wenn ich im Wasser des Meeres mein Spiegelbild sehe, dann schaut mich mein wahres Bild an: der Mörder seines Bruders. Leba, ich habe nur einen Wunsch: Nicht du, sondern ich sollte tot sein. Hohes Gericht, ich bin schuldig, aber die Strafe ist zu hart, als dass ich sie tragen könnte. Ihr verstoßt mich aus dem Land und ich muss heimatlos irgendwo und nirgendwo sein! Was ich getan habe, kann jeder mit mir tun. So wird's mir gehen: Wer mich findet, wird mich totschlagen.«

> ***Kain sagte*** **zu dem Herrn: »Die Strafe ist zu hart, das überlebe ich nicht! Du vertreibst mich vom fruchtbaren Land und aus deiner schützenden Nähe. Als heimatloser Flüchtling muss ich umherirren. Ich bin vogelfrei, jeder kann mich ungestraft töten.«**
> **[1.Mose/Genesis 4,13–14]**

Der Weise Rat zieht sich mit Omola zur Beratung zurück. In den Abendstunden kommen sie zurück. Alle haben Stunden geduldig gewartet. Omola spricht langsam und deutlich:

»Im Namen der Weite des Himmels ergeht folgendes Urteil:
Naik ist schuldig am Tod seines Bruders Leba. Er wird aus unserem Land verbannt.

Nie wieder darf er nach Erstland zurückkehren. Verte, der Fürsprecher, und Ankla, die Gegensprecherin, werden zusammen mit mir den Schuldigen morgen früh an die Landesgrenze begleiten und in die Fremde verstoßen.«

Tief in der Nacht tritt Omola vor ihre Hütte unter den Sternenhimmel.

»Weite des Himmels«, spricht sie, »höre meine Stimme:

Haben wir Recht gesprochen? Haben wir Unrecht getan?

Wer tröstet Madaves? Wer schützt nun Naik? Wie kehrt wieder Ruhe ein in unser Land?

Weite des Himmels, hilf uns, wir sind so allein.«

Die Strafe und der Abschied

Schweigend wandern Ankla, Omola und Verte mit Naik durch das Land. Die Menschen, denen sie begegnen, wagen nicht einmal, »Guten Morgen« zu wünschen. Dichter Regen fällt aus dem grauen Himmel. Er lässt die Schönheit der Landschaft in einem Schleier verschwinden.

Zur Mittagszeit sind sie an der Grenze von Erstland angekommen.

Kerstin H.: »Wie es jetzt weitergehen soll, weiß ich nicht. Mit meinen Eltern und meinen Geschwistern hatte ich ja noch nie ein gutes Verhältnis. Freunde hatte ich eigentlich auch kaum welche. Und mit Bernd ist es jetzt natürlich aus. Alles in meinem Leben ist schief gelaufen. Aber was hätte ich denn dagegen machen sollen? Es tut mir alles so furchtbar Leid ...«

Omola stellt sich vor Naik und schaut ihm in die Augen. Naik hält dem Blick stand. Lange stehen sie einander so gegenüber. Dann plötzlich kniet Naik nieder.
Omola nimmt ihre Hand und macht ein Zeichen auf Naiks Stirn. Sie sagt mit zitternder Stimme:
»Dieses Zeichen wird immer auf deiner Stirn zu sehen sein, immer, solange du lebst.
Solange du lebst, wird dich dieses Zeichen daran erinnern, was du getan hast.
Du kannst diese Tat nicht abschütteln wie die Regentropfen, die in deinen Haaren hängen. Sie gehört zu dir und du musst mit ihr leben.
Dieses Zeichen auf deiner Stirn wird dich aber auch immer beschützen, solange du lebst.
Es zeigt: Du trägst die Strafe für deine Tat und stehst zu dem, was du bist.
Und es zeigt: Niemand darf diesen Menschen töten, auch wenn er getötet hat.«

Der Herr antwortete:
»Ich bestimme: Wenn dich einer tötet, müssen dafür sieben Menschen aus seiner Familie sterben.« Und er machte an Kain ein Zeichen, damit jeder wusste: Kain steht unter dem Schutz des Herrn.
[1.Mose/Genesis 4,15]

Dann ist unendliche Trauer in der Stimme Omolas:
»Naik, unser Bruder, wir müssen dich über die Grenze schicken.
Wir ertragen dich nicht in unserer Mitte.
Wir müssen dich ausgrenzen und dir eine Grenze setzen für immer.
Durch deine Tat ist das erste Mal das Böse in unserem Land aufgebrochen.
Die Bosheit des Menschen wird uns wieder begegnen, wieder und wieder.

63

Das Böse lebt unter uns und Menschen tun Böses.

Aber der Mensch ist immer mehr als das, was er tut.

Jeder Mensch ist Geschöpf, geschaffen von der Weite des Himmels.

Die Weite des Himmels wölbt sich über unser Land und über dein Land.

Wo du auch lebst, du lebst unter der Weite des Himmels.

Und einmal wird die Weite des Himmels auf die Erde kommen.

Dann wird das Böse besiegt und die Trauer ein Ende haben.

Dann wird der Himmel auf Erden sein.«

Omolas Stimme ist wieder ganz fest. Noch einmal macht sie das Zeichen auf Naiks Stirn.

»Dieses Zeichen auf deiner Stirn beschütze dich auf allen deinen Wegen.«

> *Dann musste* Kain aus der Nähe des Herrn weggehen. Er wohnte östlich von Eden, im Land Nod.
> [1.Mose/Genesis 4,16]

Verte und Ankla geben Naik die Hand. Verte würde so gerne noch etwas loswerden, aber seine Stimme versagt. Dann spricht Ankla aus, was Verte denkt: »Wir werden dich nicht vergessen!«

Sie hat »wir« gesagt. Das hat Verte gehört.

Die Sache mit Kain und Abel

So ist der Mensch!

Von Kain, der seinen Bruder Abel erschlug, lesen wir in den ersten elf Kapiteln der Bibel, die man auch die »Urgeschichte« nennt. Sie erzählen vom Wesen des Menschen und wie er sich in Schuld verstrickt, weil er seine Grenzen verletzt. Er lehnt sich gegen seinen Schöpfer auf. So wird deutlich, dass der Mensch für sich selbst die größte Gefahr ist – schon seit Urzeiten. Die Urgeschichte erzählt aber auch von der unerschütterlichen Treue Gottes zu seinem Geschöpf. Die ersten Kapitel der Bibel spiegeln eine Grunderfahrung der Menschen: Sie erleben eine Welt voll Mühe und Leid, über die Gott aber trotz allem seine Hand hält.

Wie ist das mit Kains Opfer?

Kain wird zum Brudermörder, weil die Welt für ihn aus den Fugen geraten ist. Gott nimmt seine Opfergabe nicht an. Woran erkennt Kain das? Nach hebräischem Denken am ehesten an den Folgen: weil der Segen »von oben« ausbleibt. Segen im Alten Testament bedeutet oft ganz einfach, dass die tägliche Arbeit Früchte trägt, dass alles wächst und gedeiht.

Warum Kains Arbeit keinen Erfolg hat, das bleibt im Dunkeln. Die Geschichte sagt nicht, dass mangelnder Fleiß, fehlendes Talent oder eine falsche Einstellung daran schuld sind. Manchmal kann niemand erklären, warum den einen in Beruf und Privatleben einfach alles gelingt, während andere sich abstrampeln und doch auf keinen grünen Zweig kommen.

Der Neid von Kain auf seinen Bruder ist also verständlich. Er muss mit der unbegreiflichen Benachteiligung fertig werden – ein Schicksal, das sich Tag für Tag wiederholt. In Kain wächst die Wut. Der entscheidende Punkt der Geschichte ist: Wie geht er mit dieser Wut um?

Gott warnt Kain: Eine Bewährungsprobe kommt auf dich zu. Jetzt kommt es ganz auf dich an! Aber Kain schlägt alle Warnungen in den Wind. Er zügelt seinen Zorn nicht, sondern lässt ihm freien Lauf – und das kostet Abel das Leben.

Der erste Prozess

Das Blut Abels schreit zum Himmel und klagt Kain vor Gott an. Deshalb wird Gott zum Richter, der den Angeklagten verhört und ein Urteil über ihn fällt: Kain wird aus der Gemeinschaft der Menschen ausgestoßen und verbannt. Weil Kain die Erde mit dem Blut seines Bruder befleckt hat, wird der Boden für ihn unfruchtbar sein, der Segen wird für immer ausbleiben. Damit hat Kain auch seine Lebensgrundlage verspielt. Er ist verdammt zu einem Leben »östlich von Eden« – also fern von Gott. Jetzt ist er geächtet und vogelfrei. Heimat- und ruhelos (das bedeutet das hebräische Wort »Nod«) muss er den Rest seines Lebens zubringen.

Dieses Urteil trifft Kain hart. Er fürchtet, dass ihn die Menschen wegen seiner Tat erschlagen könnten. Dass die Bibel diese Menschen voraussetzt, zeigt: In der Geschichte von Kain geht es nicht um ein einmaliges Ereignis der Urzeit, sondern um etwas typisch Menschliches, das so alt ist wie die Welt.

Das Zeichen auf der Stirn

Gott verspricht Kain, dass ihn niemand töten wird, und er macht ihm ein Zeichen auf die Stirn. Dieses »Kainsmal« ist entgegen dem landläufigen Sprachgebrauch kein Schandmal, sondern ein Schutzzeichen. Gott wird als Richter von Kain nicht zu seinem Henker, sondern bleibt liebender Schöpfer, der das Leben seiner Geschöpfe will – nicht ihren Tod.

Mit einem Schlag ...

»Strafe muss sein!«   Warum eigentlich?

67

ich – DU – wir:

Gott – wer ist das?

Schwarz-weiß-bunt

Wenn ich Nachrichten im Fernsehen verfolge, sehe ich schwarz.
Wenn Freunde von der Zukunft reden, sehe ich schwarz.
Alles schwarz in schwarz.
Oder ich male schwarz-weiß: Gut oder böse. Ganz oder gar nicht.
Alle haben Dreck am Stecken, nur ich pflege meine weiße Weste!
Wenn's nur so einfach wäre, mit schwarz und weiß –
dann wäre ich ein Zebra!
Oder ich denke an die rosaroten Zeiten:
Friede, Freude, Eierkuchen.
Alles durch die Rosa Brille betrachten.
Parole: schönfärben, schön bonbonrosa,
und den Mund halten.
Oder ich sehe rot:
Reagiere wie ein Stier auf das rote Tuch.
Manche Reizworte genügen –
und ich bin auf 180!
Dann dauert's nicht lange –
und bei mir fliegt die Sicherung raus.
Oder ich sehe alles grau in grau,
wenn sich der Grauschleier sonntagnachmittags
auf die Seele legt,
wenn alles langweilig ist, eingefahren und öde,
wenn das Leben zum Schwarzweißfilm geworden ist.

HOANA UND DER REGENBOGEN

Hoana ist alleine zu Hause. Sie kann machen, was sie will. Es ist ein strahlender Sommertag. Soll sie baden gehen oder sich einfach nur auf dem Balkon in den Liegestuhl legen?

Da fällt ihr auf, wie schwül es geworden ist. Sie schaut zum Fenster hinaus und sieht schwarze Wolken am Horizont. Auch die Sonne scheint nicht mehr. Es wird richtig dunkel – und das am hellichten Tag! Ein Blitz zuckt vom Himmel, Donner kracht und verhallt grollend in der Ferne. Hoana möchte sich spontan eine Decke über den Kopf ziehen, so wie sie es als kleines Kind getan hat. Stattdessen hält sie sich die Ohren zu, aber der Donner ist lauter. Jetzt setzt Regen ein. Wie ein Wasserfall schüttet es vom Himmel. Riesige Pfützen bilden sich auf der Straße. Sie werden immer größer. Das Wasser steigt. Bald wird es zur Haustür eindringen. Der Keller wird volllaufen, dann steigt das Wasser in die Wohnung.

»Dann steht mir das Wasser bis zum Hals«, denkt Hoana entsetzt.

Da blitzt es wieder und ein schreckliches Donnergrollen folgt. Eiskalt läuft es Hoana den Rücken herunter.

»Wenn's blitzt, zürnt Gott; wenn's donnert, schimpft er!«, hatte ihre Großmutter immer gesagt. »Was hab ich nur angestellt, dass ich dieses Unwetter über mich ergehen lassen muss?«, denkt Hoana. Sie ärgert sich über sich selbst: »Warum fallen mir gerade jetzt die großen und kleinen Bosheiten ein, die ich in letzter Zeit abgefeuert habe? Ist doch kindisch, so 'ne Vorstellung: Der liebe Gott donnert im Gewitter!« – Genau so wie der andere Satz ihrer Großmutter: »Der liebe Gott sieht alles!« – »Ein Gott, der einem dauernd hinterherspioniert, kann mich mal!« In diesem Moment kracht ein ohrenbetäubender Donnerschlag. Hoana zuckt zusammen. »Ich habe keine Angst vor Gewittern, ich kann sie nur nicht leiden!«, sagt sie sich immer wieder.

Um sich abzulenken, nimmt Hoana ein Blatt Papier und malt mit schwarzem Stift ein

Gott – völlig farblos?

Gott gibt's für viele bloß in schwarz-weiß-grau:

Schwarz der strenge Polizistengott,
der strafend mit dem Zeigefinger droht
und seine missratenen Geschöpfe unerbittlich überfordert.

Weiß der liebe Großvatergott mit seinem langen Bart,
der freundlich lächelnd auf seiner Wolke sitzt,
auf die kleinen Erden-Menschlein schaut –
und keinem etwas, also gar nichts tut.

Grau der unsichtbare Geistergott,
der ganz fern irgendwo im Nebel verschwimmt,
nicht zu fassen ist,
den keiner wirklich kennt und niemand ganz versteht.

Fragt sich nur, weshalb dieser schwarz-weiß-graue Gott
ausgerechnet einen Regenbogen in den Himmel stellt?
Können wir die wahren Farben Gottes nur nicht sehen,
weil wir so tun, als wär'n wir alle farbenblind?

Bild. Sie malt, was ihr gerade in den Sinn kommt. Als Hoana ihr Bild anschaut, ist sie entsetzt. Ihr starrt eine wütende Fratze entgegen. In den stechenden Augen hat sie Blitze. Hoana denkt: »Das ist Gott. Dieser Gott ist furchtbar böse. In seiner Wut wird er die ganze Welt zerstören. Alles, was lebt, wird er in der reißenden Flut zerstören.«

Es ist so dunkel geworden, dass Hoana das Bild kaum noch erkennen kann. Da erleuchtet ein Blitz das Zimmer. Hoanas Blick fällt auf das Bild vom bösen Gott. Hoana schaut genau hin. Etwas hat sich auf ihrem Bild verändert. Da sitzt plötzlich eine kleine Taube – die hat Hoana nicht gemalt. Sie hat sich selbst auf das Bild gesetzt. Die kleine Taube fängt zu reden an: »Hab keine Angst, Hoana! Komm mit und folge mir, ich nehm dich mit in meine Welt!« Und schon schlingt Hoana die Arme um den Hals der Taube und setzt sich sicher zwischen ihre Flügel. Wie Nils Holgerson fliegt sie auf dem Rücken der Taube hinaus in die Welt.

Sie landen auf einer grünen Wiese. Auf der Wiese steht ein riesiges Schiff. Ein alter Mann schleppt schwere Balken und wird gerade mit seinem Schiffbau fertig. Hoana denkt: »Der Mann tickt wohl nicht richtig, baut ein Schiff auf der grünen Wiese!« Aber die Taube hat große Ehrfurcht vor dem Alten: »Das ist Noah. Er mag die Menschen. Er mag die Tiere. Er wird auch dich gern haben. Und wenn du willst, kannst du ihm helfen.« Da spricht Noah sie selber an: »Du kommst wie gerufen. Ich brauch deine Hilfe. Es ist höchste Zeit. Bald kommt der Regen, bald steigen die Flüsse, bald steigen die Meere, bald kommt die große Flut.« Hoana kann sich das nicht vorstellen. Noch scheint ja die Sonne. Dann aber fällt ihr das schreckliche Gewitter ein und wie es aus heiterem Himmel angefangen hat. »Noah«, fragt Hoana, »ist Gott wieder so wütend, dass er die ganze Erde zerstören will?«

»Gott will die Erde retten«, antwortet Noah, »deshalb habe ich die Arche gebaut. Hilf mir, wir müssen die Tiere vor der großen Flut retten.«

Hoana versteht nicht, was der alte Mann meint, aber sie will ihm gerne helfen. Sie mag Tiere sehr.

Noah ruft die Tiere mit lauter Stimme. Hoana führt sie in das große Schiff. Bei allen Tieren überlegt sie, wovor man sie wohl retten muss. Da kommen der Elefant und der Leopard. Hoana weiß sofort, dass sie von Wilderern bedroht werden. Sie jagen Elefanten wegen der Stoßzähne und verkaufen das Elfenbein. Sie jagen Leoparden wegen des Fells und verkaufen es für sündhaft teure Pelzmäntel. Hoana führt Hund und Katze friedlich nebeneinander in die Arche und stellt sich vor, dass beide wohl aus dem Tierheim kommen. Sie wurden ausgesetzt, weil man sie nicht mehr brauchen konnte, als die Familie in den Urlaub fliegen wollte. Hoana führt Bienen und Käfer in das Schiff. Wiesen und Felder sind mit Pflanzenschutzmitteln vergiftet. Für die Insekten wird das Überleben schwer. Die Stechmücken würde Hoana am liebsten draußen lassen und mit Insektenspray nach ihnen sprühen. Aber Noah sagt: »Wir tun keiner Fliege was zu Leide.« Es dauert lange, bis alle Tiere in der Arche sind: Versuchskaninchen und Wetterfrösche, Kirchenmäuse und Küchenschaben. Es dauert noch länger, bis endlich auch die Schnecken eingetroffen sind. Hoana schreibt, während sie auf die Schnecken wartet, den Namen auf den Bug des Schiffes: Arche Noah.

Dann ruft Noah nach Hoana: »Komm in die Arche!«

Sie sagt: »Mach die Tür zu, Noah! Es zieht! Und es regnet auch schon ein bisschen rein!« Aber Noah erwidert: »Die Tür macht Gott selber zu. Ich habe getan, was ich konnte. Ich habe die Bedrohung erkannt. Ich habe Schutz erfunden und Hilfe geschaffen. Ich habe den Kahn gebaut. Nun wird uns Gott bewahren. Die Tür macht Gott selber zu.«

Jetzt kommt der große Regen. Die Bäche werden zu Flüssen. Die Pfützen werden zu Seen. Das Wasser steigt und steigt. Alles wird Meer. Die Arche hebt vom Boden ab. Sie schwimmt. Sie trägt Mensch und Tier

über die Wellen, über das weite Meer. Lange Zeit sieht Hoana, wenn sie zum Fenster hinausschaut, nichts als Meer, überall nur Wasser, so weit das Auge reicht.

Aber eines Tages ruft sie laut: »Land in Sicht!« Tatsächlich – in weiter Entfernung sieht man eine Insel. Hoana hatte gar nicht gemerkt, dass der Regen nachgelassen hat, der Wasserspiegel ist gesunken. Dort auf der Insel wird die Arche auf Land laufen. Jetzt, wo Land in Sicht ist, hält es Hoana kaum noch im Schiff aus. Am liebsten würde sie gleich aussteigen. Aber Noah warnt sie: »Wir müssen Geduld haben. Wir müssen erst erforschen, ob die Erde wieder bewohnbar ist.« Noah schickt die Taube. Sie soll auskundschaften, ob Leben auf der Erde wieder möglich ist. Doch sie kehrt am Abend traurig zurück. Sie hat nichts gefunden als Wasser, überall nur Wasser.

Hoana hat in der engen Arche richtig Heimweh bekommen. Sie vermisst ihre Eltern und auch ihren Fernseher und was es sonst alles in der altmodischen Arche nicht gibt. Die Taube versucht sie zu trösten: »Du musst warten«, sagt sie, »wie man im Winter warten muss auf die erste Tulpe und im Frühjahr auf die ersten Erdbeeren.« Hoana versteht das nicht. Tulpen gibt's doch im Blumenladen das ganze Jahr über und mit den Erdbeeren im Supermarkt ist es genauso.

Die Taube verspricht ihr, noch einmal zu schauen, ob jetzt Leben auf der Erde wieder möglich ist. Sie fliegt aus und kommt am Abend zurück mit einem Blatt im Schnabel. »Weißt du, was das Blatt im Schnabel der Taube bedeutet?«, fragt Noah. »Es wird wieder grün auf der Erde. Die Büsche und Bäume haben wieder Blätter. Ein neuer Frühling ist für die Erde angebrochen.«

Noah macht die Tür der Arche auf. Die Tiere laufen, kriechen, watscheln, trampeln und fliegen in alle Himmelsrichtungen davon. Auch Noah hat es jetzt eilig. »Jetzt werde ich für unsere Familie ein Haus bauen – und für Gott einen Altar.« Mit diesen Worten ist Noah auf und davon. Hoana steht ganz alleine da. Sie will schnell Noah nachlaufen, doch da hört sie die Stimme der kleinen Taube: »Hoana, steig wieder auf meinen Rücken! Ich nehm' dich mit!«

»War alles nur ein Traum?«, fragt sich Hoana. Sie ist wieder in ihrer Wohnung. Wo ist der Sturm? Wo ist das Unwetter? Sie geht ans Fenster. Der Regen hat fast aufgehört. Da drüben am grauen Himmel wird es wieder ganz hell: Blauer Himmel und graue Wolken, Sonne und Regen, alles gleichzeitig, und jetzt noch ein Regenbogen, ein wunderschöner Regenbogen spannt sich über den ganzen Horizont. Hoana ist hellauf begeistert.

»Hoana, hier bin ich!«, sagt da die kleine Taube. Hoana schaut sich um. Sie findet die Taube nicht. »Hier!«, ruft sie noch einmal. Da entdeckt Hoana die kleine Taube auf dem Bild vom zornigen Gott, das noch immer auf dem Tisch liegt.

»Nimm deine Farben und male, was du gesehen hast!«, sagt die kleine Taube. Da nimmt Hoana die Farben und malt einen bunten Regenbogen. Sie malt ihn mit kräftigen Farben. Sie übermalt das Bild vom bösen, dunklen Gott. Die Taube sagt zu ihr: »Das ist ein schönes Bild von Gott. Das ist das Bild vom guten Gott. Gott sagt zu dir: ›Meinen Bogen habe ich in die Wolken gesetzt; der soll das Zeichen sein des Bundes zwischen mir und der Erde. Solange die Erde steht, sollen nicht aufhören Saat und Ernte, Frost und Hitze, Sommer und Winter, Tag und Nacht.‹«

> **»Jedes Mal,** wenn ich Regenwolken über der Erde zusammenziehe, soll der Bogen in den Wolken erscheinen, und dann will ich an das Versprechen denken, das ich euch und allen lebenden Wesen gegeben habe. Nie wieder soll das Wasser zu einer Flut werden, die alles Leben vernichtet. Der Bogen wird in die Wolken steigen, und wenn ich ihn sehe, wird er mich an den ewigen Bund erinnern, den ich mit allen lebenden Wesen auf der Erde geschlossen habe.« [1.Mose/Genesis 9,14–16]

Die Sache mit der Sintflut

Wasser bis Oberkante Unterlippe – Flutgeschichten

Bei vielen Völkern gibt es Mythen und Sagen von einer großen Flut, die die gesamte Menschheit zu vernichten droht. Man hat solche Geschichten bei den Sumerern, bei den Mayas, den alten Griechen, den Indianern erzählt. Ob es eine solche weltweite Katastrophe im Laufe der Erdgeschichte wirklich gegeben hat oder nicht, darüber sind sich die Gelehrten nicht einig. Tatsache ist: Immer wieder gab (und gibt) es gewaltige Überschwemmungen, die das Leben vieler Menschen und Tiere ausgelöscht haben. Im Altertum galt die große Flut als Strafe der Götter. Nur weil einer von ihnen einem einzigen Menschen zu überleben hilft, wird damit auch das ganze Menschengeschlecht gerettet.

Grausam oder gütig – wie ist Gott?

Auch das Volk Israel kannte die Geschichte von der großen Flut. Aber anders als ihre Nachbarvölker glaubten die Israeliten nur an einen einzigen Gott. Sie waren davon überzeugt, dass er allein es ist, der auf der einen Seite eine große Vernichtungsflut schickt und auf der anderen Seite Noah und seine Familie vor der Katastrophe errettet. Wie passt das zusammen? Kann Gott grausam und gütig zugleich sein?

Um diese Frage dreht sich die Bibelgeschichte von der »großen Flut« (nichts anderes bedeutet das alte Wort »Sintflut«, das später dann in »Sündflut« umgedeutet wurde). Dort wird zu Beginn erzählt, dass Gott sieht, dass die Menschen in all ihrem Denken und Tun durch und durch böse sind. Da gibt es nur eines: das missratene Menschengeschlecht wieder von der Erde hinwegzufegen. Gott als strenger und unbestechlicher Himmelspolizist – wie in einem Gedankenexperiment wird diese Möglichkeit in der Sintflutgeschichte durchgespielt.

Erstaunlicherweise kommt die Bibel am Ende der Geschichte zu dem Schluss: Gott ist nicht so! Mit Noah und seiner Arche rettet Gott Menschen und Tiere vor dem endgültigen Aus. Gott entscheidet sich für die andere Möglichkeit: Er will nicht den Untergang, sondern einen neuen Anfang.

Der Regenbogen – Zeichen der Liebe
Die Menschen bleiben, wie sie schon immer waren: unfähig, nur Gutes zu tun und das Böse stets zu meiden. Gott beschließt trotzdem (der Bibeltext sagt sogar: gerade deswegen), diese Welt zu lieben, wie sie ist, und verbietet sich ein für allemal, die Erde um der Menschen willen zu zerstören. Das Leben auf der Erde soll eine hoffnungsvolle Zukunft haben, Gott selbst will es schützen.

Als Zeichen der Liebe zu seinen Geschöpfen setzt Gott den Regenbogen an den Himmel, der ihn an sein Versprechen erinnern soll. Wenn wir einen Regenbogen sehen, können auch wir uns daran erinnern lassen, dass Gott ein für alle Mal Ja zu uns sagt und das mit vielen Farben an den Himmel schreibt.

Die Farben Gottes – regenbogenbunt!

Da ist Blau. Gott schickt uns Noahs. Menschen, die was tun gegen die Fluten, die uns so zu schaffen machen. Gott braucht Leute, die eine Arche bauen.

Da leuchtet Orange. Die Signalfarbe: Achtung – anhalten! So kann es nicht weitergehen! Überprüfe dein Leben. Gestalte es neu. Gott selbst begleitet dich auf dem Weg. Er steht am Start und am Ziel. Verlass dich drauf!

Da gibt es Rot. Die Farbe der Liebe: Gott will das Leben erhalten und bewahren. Er schließt die Arche selber zu.

Da ist Violett. Wenn der Sturm kommt. Wenn die Wellen hoch gehen. Wenn uns das Wasser bis zum Hals steht – dann trägt uns Gott, immer noch!

Und da ist Grün. Gott schenkt uns Neuland, immer wieder. Jeder Tag ist ein unbeschriebenes Blatt, wie eine neue Chance zum Leben. Hoffnungsland – heute und morgen wieder.

Und da strahlt Gelb. Die Farbe der Sonne, die Farbe des warmen Lichts. Was siehst du, wenn du die Welt im Licht unseres guten Gottes siehst? Du siehst die Schattenseiten. Aber da ist auch die Sonne. Du siehst die Todesschatten. Aber da ist auch das Licht der Auferstehung.

Gottes Licht besteht aus vielen Farben. Kannst du sie sehen – bunt und schön?

Schwarz-weiß-bunt

Jetzt heißt es Farbe bekennen! So sehe ich Gott:

▶ *80*

Aus Liebe
geschehen die merkwürdigsten Dinge ...

Die Welt ist plötzlich bunter.
Der Grauschleier scheint irgendwie rausgewaschen
aus dem Alltag.
Manche Sorgenfalten in der Seele sind glatt gebügelt.
Das Wort »morgen« hat seine Bedrohung verloren.
Zeit haben ist plötzlich ein Geschenk des Himmels.
»Was ist denn mit dir los?«, fragen die anderen
und lächeln plötzlich unaufgefordert zurück.

Warum?
Dein Zwinkern signalisiert: Ich hab dich lieb!
Mein Herzklopfen ist blond und trommelt
Lebensfreude durch den Körper.
Du bist da und ich entdecke mich neu.
Ich bin gespannt, was noch alles passiert
mit dir und mit mir.
Du und ich – wir beginnen zu spüren:
Eins und eins ist drei. Mindestens!
Eine neue Dimension tut sich auf.
Das Leben sagt ja zu uns.
Können wir ja sagen zu neuem Leben
... aus Liebe?

EIN MONAT IM LEBEN DER MIRIAM K.

30. November

Heute war ich beim Frauenarzt. Er hat mir das Testergebnis bestätigt: schwanger! Ob ich das Kind möchte, hat er mich gefragt. Ich hab wirklich nicht gewusst, was ich antworten soll. Ob ich es möchte? Als ob das die entscheidende Frage wäre! Natürlich, ich bin vernarrt in Kinder. Das ist nicht das Problem. Kriegen kann ich es nicht! Und das Schlimmste ist: Ich habe nur ein paar Wochen Zeit, um mich zu entscheiden.

Wenn ich nur wüsste, was ich jetzt tun soll. Natürlich hab ich gleich versucht, Wolfi in München zu erreichen. Aber der ist gerade irgendwo bei einem Studienkollegen, und sein blöder Mitbewohner in der WG hat die Telefonnummer nicht. Vielleicht ist es auch ganz gut so: Wenn meine Eltern mitkriegen, was da läuft, dann geht's aber rund! Wolfi, der wird das bestimmt locker nehmen (hoffe ich jedenfalls) – aber meine Mutter! Ich weiß ja selbst, dass Luft und Liebe auf die Dauer etwas zu kalorienarm sind. Aber eine Abtreibung – das ist doch glatter Mord!

Vor ein paar Wochen hat so eine Initiative Flugblätter verteilt, in denen auf Bildern zu sehen war, wie da ein kleines Menschlein zerstückelt im Klinik-Mülleimer lag. Schrecklich! Ich glaube, ich schau noch mal bei Schwesterherz Corinna vorbei. Schließlich ist es ja noch früh am Abend. Ich muss jetzt einfach mit jemandem reden!

> **Der Engel** kam zu Maria und sagte: »Sei gegrüßt, Maria, der Herr ist mit dir; er hat dich zu Großem ausersehen!« Maria erschrak über diesen Gruß und überlegte, was er bedeuten sollte. [Lukas 1,28-29]

1. Dezember

Als ich gestern bei Corinna zur Tür reinkam, hab ich ganz genau gewusst, dass ich doch keinen Ton rausbringen werde. Sie war gerade dabei, Weihnachtstexte für das Krippenspiel ihrer Kindergartengruppe zusammenzustellen. War mir eigentlich ganz recht, dass sie mich sofort eingespannt hat. Aber ich muss sagen: Diese olle Weihnachtsgeschichte hat mich gestern Abend ganz schön mitgenommen! Noch nie vorher hab ich mich gefragt, wie ich wohl reagiert hätte, wenn zu mir einer gekommen wäre und gesagt hätte: »Okay, du kriegst ein Kind – ohne Mann, dafür ist es dann aber auch der Sohn Gottes!« Die Geschichte mit dem Heiligen Geist glaubt ihr doch kein Mensch; mir würde sie ja auch keiner glauben. Und wenn's ihr keiner glaubt, dann ist sie für die anderen eine gewöhnliche Nutte, 'ne Ehebrecherin, die gesteinigt gehört. Irgendwie hab ich's da schon einfacher. Schließlich weiß ich ganz genau, dass mein Kind nicht irgendwie überirdisch, sondern von Wolfi ist. Obwohl – wenn das jetzt alle mitkriegen, dass ich mit Wolfi – ob's dann nicht heißen würde: Die tut so fromm und brav, und dann lässt sie sich ein uneheliches Kind andrehen!? So gesehen, ist es doch eine bescheuerte Situation; schließlich war Marias Josef wenigstens ausgebildeter Handwerker und die beiden wollten eh heiraten. Aber mein Wolfi, der hat doch gerade erst mit seinem Studium angefangen, und dann ist er die meiste Zeit in München an der Uni! Oh Mann, hoffentlich erwische ich ihn nachher am Telefon, damit ich endlich mit ihm reden kann. Er fehlt mir so! Keiner da, der mich in den Arm nimmt, wenn's mir so richtig zum Losheulen ist. Ich halt's bald nicht mehr aus!

> **Der Engel** sagte zu ihr: »Hab keine Angst, du hast Gnade bei Gott gefunden! Du wirst schwanger werden und einen Sohn gebären. Dem sollst du den Namen Jesus geben. Er wird groß sein und wird ›Sohn des Höchsten‹ genannt werden. Gott, der Herr, wird ihn auf den Thron seines Ahnherrn David erheben, und er wird für immer über die Nachkommen Jakobs regieren. Seine Herrschaft wird nie zu Ende gehen.« Maria fragte den Engel: »Wie soll das zugehen? Ich bin doch mit keinem Mann zusammen!« Er antwortete: »Gottes Geist wird über dich kommen, seine Kraft wird das Wunder vollbringen. Deshalb wird auch das Kind, das du zur Welt bringst, heilig und Sohn Gottes genannt werden.« [Lukas 1,30–35]

4. Dezember

Also heute, da war's mir zum ersten Mal richtig übel, genau so, wie man es in kitschigen Liebesfilmen im Fernsehen sieht – rennt eine dauernd aufs Klo mit der Hand vor dem Mund, dann ist sie bestimmt die schwangere Geliebte des greisen Firmenchefs. Ich bin mal gespannt, wie lange es dauert, bis meine Mutter etwas wittert.

Wolfi weiß inzwischen auch, dass ich schwanger bin. Erst hat er geglaubt, ich nehme ihn auf den Arm, aber weil ich wahrscheinlich so weinerlich geklungen habe, hat er gemerkt, wie ernst es ist. Da war erst einmal Funkstille in der Leitung. Man hat richtig gehört, wie's in ihm kämpft: Soll er sich nun freuen oder ist Panik angesagt? »Und was machen wir jetzt?«, hat er mich gefragt. Für dieses »Wir« wär ich ihm am liebsten durchs Telefon um den Hals gefallen. Ja, und dann haben wir hin- und herüberlegt: sein Studium, meine Ausbildung, das leidige Geld – alles ziemliche Minuspunkte. Schließlich haben wir das Ganze vertagt. Ich kann verstehen, dass er sich an Vatergedanken auch erst gewöhnen muss, bevor eine Entscheidung fallen kann.

Jetzt gerade, nachdem wir stundenlang am Telefon gequatscht haben, hat mich meine sentimentale Ader gepackt und ich habe mir eine Adventskerze angezündet. Ich wünsche mir so, dass es auch für uns einen Engel gibt, der zu uns sagt: »Regt euch mal wieder ab, wird schon alles in Ordnung kommen.« Aber das wäre wohl ein Wunder, oder?

> ***Der Engel*** sagte: »Auch Elisabet, deine Verwandte, bekommt einen Sohn – trotz ihres Alters. Sie ist bereits im sechsten Monat, und es hieß doch von ihr, sie könne keine Kinder bekommen. Für Gott ist nichts unmöglich.« Da sagte Maria: »Ich gehöre dem Herrn, ich bin bereit. Es soll an mir geschehen, was du gesagt hast.« Darauf verließ sie der Engel. [Lukas 1,36-38]

8. Dezember

Heute ist es passiert, jetzt wissen alle zu Hause Bescheid. Mein herzallerliebster Bruder Ralf ist an allem schuld. Er hatte heute wieder einmal seinen Weltschmerztag. In der Schule hatten sie über Treibhausklima und Artensterben und solche Sachen diskutiert, und jetzt ist er felsenfest davon überzeugt, dass eh alles zu spät und für die Katz ist. Wäre ja weiter auch nicht schlimm gewesen, diese Sprüche bin ich schon gewohnt. Aber dann hat er behauptet: »In so eine Welt Kinder zu setzen, das ist echt ein Verbrechen!« Und da ist mir der Löffel aus der Hand in den Suppenteller gefallen ... Als sich Ralf in sein Zimmer verzogen hatte, hat meine Mutter mich dann in die Mangel genommen: Was denn mit mir los wäre, ich würde mich in letzter Zeit so seltsam benehmen, und als sie nicht locker gelassen hat, hab ich ihr dann doch alles gebeichtet. Zuerst hab ich gedacht, es hat sie der Schlag getroffen und sie fällt um. Dann brüllt sie: »Und was gedenkst du jetzt zu unternehmen?« »Weiß nicht«, hab ich geantwortet. Da hat sie aber richtig losgelegt: »Kind, du hast doch jetzt bald dein Abitur in der Tasche! Du kannst doch jetzt nicht wegen einer Schwangerschaft deine Berufspläne an den Nagel hängen! Ihr wollt es doch auch mal zu etwas bringen! Mach dir dein Leben doch nicht deswegen kaputt, schließlich hat man ja heute Möglichkeiten! Wovon wollt ihr denn schließlich leben, du und dein Wolfgang mit einem Kind?«

Wie ich das gehört hab: »Möglichkeiten« nennt sie das. Als ob man eine Schwangerschaft wie einen Schnupfen kurieren könnte. Aber sie wollte einfach nicht damit aufhören, mir »das« auszureden. Irgendwann hatte ich dann die Schnauze voll. Morgen werde ich mich für ein paar Tage zu Corinna und ihrem Mann verziehen, bis Wolfi über die Weihnachtstage nach Hause kommt. Sollen sich die hier doch meinen Kopf ohne mich zerbrechen!

> ***Bald danach*** machte sich Maria auf den Weg und eilte zu einer Stadt im Bergland von Judäa. Dort ging sie in das Haus von Zacharias und begrüßte Elisabet. Als Elisabet ihren Gruß hörte, hüpfte das Kind in ihrem Leib. Da wurde sie vom Geist Gottes erfüllt und rief: »Gesegnet bist du von Gott, auserwählt unter allen Frauen und gesegnet ist die Frucht deines Leibes! Wie komme ich zu der Ehre, dass die Mutter meines Herrn mich besucht? Ja, das bist du; denn in dem Augenblick, als dein Gruß an mein Ohr drang, machte das Kind einen Freudensprung in meinem Leib. Du darfst dich freuen, denn du hast geglaubt, dass sich erfüllen wird, was der Herr dir ankündigen ließ.« [Lukas 1,39–45]

10. Dezember

Ich kann's kaum glauben! Wie heißt es doch so schön: Manchmal geschehen noch Zeichen und Wunder! Als ich gestern bei Corinna und Manfred reingeschneit kam, war ihnen natürlich klar, dass irgendetwas zu Hause nicht stimmt. Also bin ich mit der Sprache rausgerückt. Ich hab Corinna auch gesagt, dass ich schon für das Kind wäre, aber das mit dem Zusammenziehen mit Wolfi wäre finanziell nicht drin, und eigentlich möchte ich meine Ausbildung auch nicht so einfach sausen lassen. Je länger ich geredet habe, desto stärker fing Corinna an zu lächeln, als ob das alles unheimlich lustig wäre. Schließlich hat sie mich dann aufgeklärt: »Eigentlich wollten Manfred und ich bis zum Heiligen Abend warten, um es euch zu sagen. Aber mein Schwesterchen hat es ja schon immer verstanden, mir Geheimnisse zu entlocken. Ich glaube, wir beide können ein Doppelzimmer auf der Entbindungsstation buchen!«

Das saß! Und dann hat Corinna mir vorgeschlagen, meinen Nachwuchs tagsüber mit zu betreuen, dann könnte ich nach einem halben Jahr oder so mit meiner Ausbildung als Krankengymnastin anfangen. Platz hätten sie und Manfred genug; wenn ich wollte, könnte ich meine Zelte bei ihnen in der kleinen Einliegerwohnung aufschlagen. Ich glaube immer noch, ich träume. Und ich habe schon nicht mehr an einen Ausweg geglaubt. Wunder gibt es tatsächlich immer wieder!

> ***Maria sprach:*** »Mein Herz preist den Herrn, alles in mir jubelt vor Freude über Gott, meinen Retter! Ich bin nur seine geringste Dienerin, und doch hat er sich mir zugewandt. Jetzt werden die Menschen mich glücklich preisen in allen kommenden Generationen; denn Gott hat Großes an mir getan, er, der mächtig und heilig ist. Sein Erbarmen hört niemals auf; er schenkt es allen, die ihn ehren, von einer Generation zur andern.«
> [Lukas 1,46–50]

16. Dezember

Hurra, sie haben ihr Okay gegeben! Meine Eltern sind zwar nicht gerade begeistert, aber Vater hat mir geholfen, Mutter rumzukriegen. Schließlich hätte man in unserer Familie Erfahrung mit ungeplanten Wunschkindern. Ich habe zuerst gar nicht verstanden, was er gemeint hat. Aber dann habe ich vom Hochzeitstag meiner Eltern auf den Geburtstag von Corinna gerechnet, na, und dann war's auch mir klar. Dass ich darauf nicht früher gekommen bin!

Und dann auch noch Wolfi! Der hatte eine Riesenüberraschung für mich parat: Er meint, er hätte lange hin- und herüberlegt, und jetzt will er versuchen, nach seinen Praxissemestern in einem Jahr die Uni zu wechseln und dann in Stuttgart zu Ende zu studieren. Dann wäre er nicht mehr so weit vom Schuss, außerdem ist's in Stuttgart billiger als in München. In zwei Tagen kommt er nach Hause und dann redet er mit seinen Eltern. Er werde es ihnen schon irgendwie beibringen, sagt er. Allerdings würden die wahrscheinlich auf einer Formalität bestehen. Und dann hat er mir ein ganz besonderes Weihnachtsgeschenk gemacht: Am Heiligen Abend feiern wir Verlobung!

Die Sache mit der Jungfrauengeburt

Gott als Vater – gibt's das?

Kann eine Frau ein Kind bekommen, ohne dass sie mit einem Mann geschlafen hat? Heutzutage ist das durchaus möglich: Immer mehr Kinder werden im Reagenzglas gezeugt und kommen als Retortenbabys auf die Welt. Vielleicht kann man in naher Zukunft sogar Menschen durch Klonen im Labor kopieren. Doch wie war das vor 2000 Jahren? Völlig unmöglich, denken viele – Jungfrauengeburt, so ein Unsinn!

Für die antike Welt war das aber gar kein so abwegiger Gedanke. Es gab viele Sagen und Legenden, die davon erzählten, dass Helden wie Herakles von einem Gott gezeugt wurden. Auch berühmten Herrschern wie Alexander dem Großen oder Kaiser Augustus wurde nachgesagt, dass sie göttlichen Ursprungs seien – und das, obwohl ihre biologischen Väter allen bekannt waren! Die Zeugung durch einen Gott galt dem Volk als ein Zeichen, wie einzigartig dieser außergewöhnliche Mensch war.

Wie war das mit Jesus?

Im Neuen Testament kann man an zwei Stellen lesen, dass Jesus von einer Jungfrau geboren wurde: in Lukas 1,26–38 und Matthäus 1,18–25. Die anderen Evangelien nach Markus und Johannes berichten nichts über die Geburt und die Kindheit von Jesus. Auch viele andere Texte im Neuen Testament gehen selbstverständlich davon aus, dass Jesus als Mensch geboren wurde.

Der Evangelist Lukas beschreibt die Zeugung und Geburt von Jesus aus der Sicht seiner Mutter. Maria ist eine unverheiratete junge Frau aus Nazaret in Galiläa, die noch mit keinem Mann geschlafen hat. Von einem Engel wird ihr die Geburt eines Sohnes angekündigt; durch den Heiligen Geist wird sie mit Jesus schwanger.

Im Matthäus-Evangelium steht Josef, der Ehemann von Maria, im Vordergrund. Für Matthäus war Josef so etwas wie der Adoptivvater von Jesus. Damit will der Evangelist seine Leserinnen und Leser zu der Frage bringen: Wenn es Josef nicht war – wer war dann der wirkliche, der wahre Vater von Jesus? Matthäus' Antwort ist: Jesus war Gottes Sohn, in ihm ist Gott Mensch geworden.

89

Aus Liebe

18 Wochen ist es alt, das ungeborene Kind.
Es spürt jede Bewegung der Mutter.
Es schläft, wenn es gewiegt wird.
Es wacht auf, wenn sich nichts bewegt.
Manchmal ist es lebhaft
und stößt gegen den Bauch.
»Du, ich fühle dich, kleiner Mensch!«

Ein Kind wächst heran.
Ein Geschenk der Liebe.
Eine Gabe des Himmels.
Gegeben, nicht gemacht.
Ein Wunder – von Anfang an.
Unser Anfang ist die Liebe.
Die Liebe der Eltern.
Die Liebe Gottes.

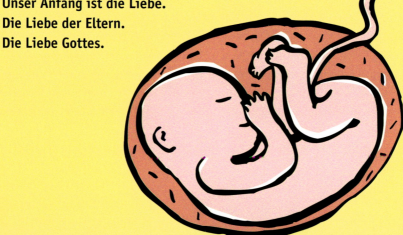

Die Geburt Jesu Christi geschah aber so: Als Maria, seine Mutter, dem Josef vertraut war, fand es sich, ehe er sie heimholte, dass sie schwanger war von dem Heiligen Geist. Josef aber, ihr Mann, war fromm und wollte sie nicht in Schande bringen, gedachte aber, sie heimlich zu verlassen. Als er das noch bedachte, siehe, da erschien ihm der Engel des Herrn im Traum und sprach: »Josef, du Sohn Davids, fürchte dich nicht, Maria, deine Frau, zu dir zu nehmen; denn was sie empfangen hat, das ist von dem Heiligen Geist. Und sie wird einen Sohn gebären, dem sollst du den Namen Jesus (Gott rettet) geben, denn er wird sein Volk retten von ihren Sünden.« Als nun Josef vom Schlaf erwachte, tat er, wie ihm der Engel des Herrn befohlen hatte, und nahm seine Frau zu sich. Und er berührte sie nicht, bis sie einen Sohn gebar; und er gab ihm den Namen Jesus. [aus Matthäus 1,18–25]

JOSEFS TAGEBUCH

Der erste Eintrag

Maria, Maria, Maria! Endlich können wir zusammenziehen in ein gemeinsames Haus. Unsere Liebe bekommt ein Haus. Lange hätte ich das auch nicht mehr ausgehalten: Du hast eine Frau und wohnst wie ein Kind bei den Eltern und sie auch. Nun ist das vorbei – wir haben ein Haus. Für unsere Liebe wäre ein Schloss richtig gewesen, aber das alte Haus, in dem der Onkel gewohnt hat, ist gut genug. Als Zimmermann werde ich es so einrichten, dass es für uns zum Schloss wird. Maria, ich komme und habe eine gute Nachricht für dich!

Der zweite Eintrag

Maria stellt sich alles schon ganz genau vor: Sie sieht unser Haus eingerichtet vor sich. Sie ist ganz sicher, dass meine Werkstatt gut gehen wird. Wenn ich nur auch so sicher wäre! Und sie will viele Kinder haben. Sie träumt von einem Sohn, der mir in der Werkstatt hilft, und einer Tochter, die mit

ihr zusammen für Haus und Garten sorgt. Ach Maria, wenn wir zusammen sind, dann kann ich auch so fröhlich mit dir träumen! Wenn ich dich im Arm halte, kann ich mir die Zukunft nur rosarot vorstellen. Aber hast du gestern auch das Gedröhn der Stiefel gehört und den römischen Hauptmann gesehen, hoch zu Ross, mit seinen Soldaten, wie sie die Straße entlang kamen? Ich werde dieses Bild nicht los. Es ist kein Friede. Es ist Kampf. Und in eine solche Welt sollen einmal unsere Kinder geboren werden. Unsere Kinder, aus Liebe geboren, in eine Welt voller Hass! Maria hat so fröhlich gelacht und gesagt: »Gott meint es gut mit uns.« Wie sie es gesagt hat, hab ich's auch geglaubt. Aber jetzt: Hat Gott uns vielleicht einfach verlassen? Kaiser Augustus tut so, als wäre er Gott. Seinem Frieden sollen wir glauben, aber der ist voller Gewalt und Hass.

Der Lehrer in der Synagoge hat zu mir gesagt: »Josef, wenn du ins Grübeln kommst, dann sag dir einen Satz aus den Heiligen Schriften vor.« Gibt es einen Satz über ein Baby, aus Liebe geboren? Ja, das Jesajawort. So ungefähr heißt es:
»Für das Volk, das im Dunkel lebt, wird es hell werden. Ein Kind wird geboren werden, das die Rettung bringt. Es heißt: ›Wunderbare Rettung. Gott ist unser Vater. Es wird Friede sein.‹«
Wenn diese Zeit anbricht, dann möchte ich viele Kinder haben, aber in unserer Zeit ... Wenn ich doch alles so leicht nehmen könnte wie Maria ... O Gott, vielleicht nimmt sie es auch nicht so leicht, vielleicht grübelt sie auch, wenn sie allein ist, denn wenn ich bei ihr bin, dann ist auch bei mir alles gut.

Der dritte Eintrag
Ich könnte verrückt werden vor Freude und wahnsinnig vor Angst. Warum kann ich mich nicht einfach nur freuen? Maria erwartet ein Kind. Sie wird Mutter, ist das nicht toll? Warum kann ich mir Maria als Mutter vorstellen und mich selbst nicht als Vater? Für ein Kind sorgen, ein ganzes Leben lang ...

Vater sein, ein Vorbild für das Kind, einer, der weiß, wo es langgeht. Ich, Josef, soll das sein. Ein Kind, mein Kind, ein Mensch, der ganz zu mir gehört, und doch ein ganz anderer Mensch, ein neuer Mensch. Maria spürt das Kind in sich, aber ich …
Ich darf Maria nichts spüren lassen von meiner Angst, das ist nicht gut für unser Kind. Ich will's versuchen; wenn ich bei Maria bin, geht's mir besser.

Der vierte Eintrag

Maria ist übergeschnappt. Sie sagt: »Ich glaube, mein Kind, das Kind, das ich bekommen werde, ist Gottes Kind. Es ist der Retter, den Gott uns schickt, wie der Prophet gesagt hat.« Was ist nur in Maria gefahren? Das behaupten doch immer wieder Leute, dass sie von Gott geschickt sind, dass sie Boten oder Engel sind, Propheten oder Gottessöhne. Die meisten sind entweder verrückt oder Schwindler. Ich hab zu Maria gesagt: »Wenn Gott sein Kind schickt, dann kommt es in einem Palast zur Welt und wird nicht von einer kleinen Maria geboren.«
Aber Maria hat das nicht beeindruckt. Sie ist und bleibt sich sicher, dass ihr Kind Gottes Retter sein wird. Und wenn ich frage: »Woher weißt du das?«, bekomme ich immer dieselbe Antwort: »Von Gott!«.

Der fünfte Eintrag

Das halte ich nicht aus! Maria redet nur noch von Gott. Ihr Kind sei Gottes Kind, sagt sie immer wieder. Ich habe da keinen Platz mehr im Leben der Maria. Ist doch lächerlich, ich kann doch nicht eifersüchtig auf Gott sein! Aber ich will ein ganz normales Kind haben, eine Tochter, die am Brunnen Wasser holt, oder einen Sohn, der das Brett hält, wenn ich säge. Ich will kein Gotteskind, ich will ein Mariakind, ich will unser Kind! Vielleicht muss ich Maria Zeit lassen. Vielleicht war das alles zu viel für sie. Ich will ihr ja keine Vorwürfe machen. Sie ist sich so sicher und so glücklich. Aber ich fühle, ich habe keinen Platz mehr in ihrem Leben. Da sind nur noch das Kind und der feste Glaube: Das ist Gottes Kind.
Ich muss sie mit ihrem Glauben alleine lassen. Ich komme mir vor wie einer, der die Frau sitzen lässt, wenn sie schwanger wird. Wenn das so ist, bin ich ein Schuft. Aber wenn ich doch keinen Platz mehr habe …

Der sechste Eintrag

Mein einziger Gedanke: Maria. Und ich gehe nicht zu ihr hin und möchte doch dauernd losrennen. Und dann hält mich wieder was zurück, wie ein dickes, festes Seil. Ich bin wie gefesselt. Was für ein verrückter Gedanke: Dies Kind soll Gottes Kind sein! Warum um alles in der Welt ist sich Maria so sicher? Ihr Kind, unser Kind, soll das wichtigste Kind sein, das je geboren wird. Dieses Kind soll der Retter der ganzen Welt sein? So was kann ich nicht glauben – und selbst wenn's wahr wäre, dann kann ich nicht der Vater von so einem Kind sein. Und wenn ich nicht der Vater sein kann für dieses Kind, dann bin ich auch nicht der richtige Mann für Maria. Schluss machen ... das tut weh!

Der siebte Eintrag

Ich versuche, einen Brief zu schreiben:
»Liebe Maria,
ich schäme mich. Ich habe gemeint, ich muss dich verlassen, weil ich nicht der Vater sein kann von so einem Kind und nicht der Mann von der Mutter dieses Kindes. Ich war ganz sicher, dass das nicht geht. Ich wollte dich heimlich verlassen. Ich meinte, das ist dann leichter für dich. Und Gott wird ja schon für sein Kind sorgen.
Ich weiß jetzt, dass das alles falsch war. Warum? Ich weiß es eben. Du würdest sagen: Ich weiß es von Gott. Ich will jetzt mit dir versuchen zu glauben, dass unser Kind Gottes Kind ist. Unser Kind soll Jesus heißen, weil Gott durch ihn die Welt rettet. Jesus heißt doch ›Gott hilft‹. Mir jedenfalls hat Gott geholfen durch dieses ...«
So ein feiger Quatsch, dieser Brief ... Will einen Brief schreiben, statt meiner Maria in die Augen zu sehen. Maria, du wirst diesen Brief nie sehen ... aber mich!

Der achte Eintrag

Maria hat mich einfach gefragt: »Freust du dich auf unser Kind?« Und ich hab einfach »Ja« gesagt. Und dann: »Ich kann's noch gar nicht glauben, dass Gott wirklich so groß ist und als kleines Kind auf die Welt kommen will, als Kind von ganz normalen Menschen.«
Da hat Maria gelacht: »Was heißt ›normale Menschen‹? Wir sind doch was Besonderes – nämlich Maria und Josef!«

**Aus Liebe
geschehen die merkwürdigsten Dinge ...**

**Gott wird Mensch.
Er will uns ganz menschlich begegnen.
In der Liebe.
Mach's also wie Gott:
Werde Mensch!
Aus Liebe ...**

Aus Liebe

Was wäre, wenn ...

... es für mich plötzlich heißen würde: 1 + 1 = 3?

Warum?

Warum geschieht so viel Schreckliches auf dieser Welt?
Warum überlebt die 83-jährige Oma den Autounfall,
aber die 36-jährige Mutter und ihre drei Kinder sterben?
Warum spüre, höre und sehe ich nichts von Gott?
Warum lässt Gott das zu?

Kann jemand, der bei Rot über die Kreuzung fährt,
den Autohersteller für einen Unfall verantwortlich machen?
Kann sich jemand, der sein Telefon abmeldet,
darüber beschweren, dass er keine Anrufe mehr bekommt?
Warum ist es so leicht, die Schuld bei anderen zu suchen?

Warum gibt es Menschen,
die ausgerechnet mich gut finden?
Ich singe, wie ich singe; denke, wie ich denke,
und bin eben, wie ich bin. Warum eigentlich?
Warum gibt es das: die Handvoll Fröhlichkeit,
den Fingerhut voll Glück, das Lachen miteinander
und das Staunen über diese schön-schwere Welt?

Vielleicht fragen wir viel zu selten: »Warum?«.

DER FEIGENBAUM

Vergnügt packen Micha und Joram ihre Sachen zusammen. Der eine nimmt den leeren Korb, der andere den Beutel mit dem Geld. »So schnell haben wir unsere Sachen noch nie verkauft«, strahlt Joram. Und Micha: »Hast du gehört, was die Leute gesagt haben: ›Ihr habt aber schöne Feigen, die schönsten auf dem Markt!‹ Dabei ist es das erste Mal, dass unser Feigenbaum trägt.«

»Komm, das müssen wir feiern«, lacht Joram, »wir gehen ins Gasthaus und stoßen auf unseren Feigenbaum an.« Ausgelassen und fröhlich gehen die beiden über den Platz. Da plötzlich hören sie ein merkwürdiges Rauschen, dann ein Grollen und Donnern, dann Schreie und Kreischen. Alles geht sehr schnell. Micha weiß nicht, was los ist. Er rennt nur weg, so schnell er kann. Er hält die Arme über dem Kopf. Er fühlt einen harten Schlag von oben, aber er rennt weiter in eine Seitengasse.

Jetzt erst, als er stehen bleibt, schaut er sich um – ein Bild des Schreckens vor seinen Augen. Jetzt erst nimmt er wahr, was geschehen ist. Der Turm beim Teich Schiloach, der hohe Turm der Stadtmauer, ist eingestürzt. Seine Trümmer liegen dort, wo eben noch reges Markttreiben war. Überall hört man verzweifelte Schreie. Namen werden gerufen: »Wo bist du?« Micha überlegt nicht lange. Er ist sofort dabei und räumt Steine zur Seite, sucht in den Trümmern nach Überlebenden, arbeitet ohne Besinnung bis zur Erschöpfung. Dabei ruft er immer wieder: »Joram, Joram, Joram, Joram!«. Er rennt durch die Trümmer, schaut jedem ins Gesicht: »Joram, Joram!«, bis er schließlich zu dem Platz kommt, an dem die Toten aufgebahrt sind.

Da liegen sie, in einer unendlich langen Reihe. Zehn Tote, elf, zwölf, dreizehn. Er schaut jeden an. Beim vierzehnten bricht

99

Micha zusammen: Es ist sein Freund, sein bester Freund – Joram. Als er wieder zu sich kommt, ist sein erster Gedanke: »Mensch, hast du Glück gehabt! Du könntest neben ihm liegen, genau so tot wie er!« Aber es will keine Erleichterung aufkommen. »Warum er?«, denkt Micha, »was hat er getan, dass es ihn getroffen hat – und nicht mich? Womit haben wir das verdient: er den Tod und ich das Leben?« – »Nein!«, schreit Micha und dann schleicht er sich davon. Wie bewusstlos stolpert er weiter, Schritt für Schritt. Mit stierem Blick geht er einfach weg, weg von diesem Ort des Schreckens.

Er hat, ohne es zu merken, den Weg nach Hause eingeschlagen. Allein geht er über die Felder bis zum nächsten Dorf. Dort stehen Menschen auf der Straße, Frauen und Männer, sie reden miteinander, aufgeregt und betroffen. Er möchte ungesehen an diesen Leuten vorbeikommen. Nur nicht reden müssen, nur nichts hören! Da hört er, wie einer ruft: »Jetzt sag du doch mal, Jesus, die achtzehn Leute, die der Turm von Schiloach erschlagen hat, waren das größere Sünder als die, die in Jerusalem in Saus und Braus leben?« Micha bleibt stehen und hört, wie dieser Jesus ganz ruhig antwortet. Aber er antwortet nicht richtig – er erzählt eine kurze Geschichte. Micha versteht nicht, was Jesus meint, und sagt sich nur: »Die Geschichte will ich mir merken!« Dann läuft er schnell weiter. Jetzt weiß er seinen Weg. Er muss schnell zu Rebekka, zu Jorams Frau, und zu den Kindern, Salome, der Ältesten, und zum kleinen Johannes. Er muss ihnen jetzt beistehen oder wenigstens bei ihnen sein. Das ist das Einzige, was er für Joram noch tun kann.

Micha verbringt viele Stunden, Tage und Nächte in Jorams Familie, bei Rebekka, Salome und Johannes und der ganzen trauernden Verwandtschaft. Er arbeitet, so gut er kann, und versucht, Jorams Familie mit über die Runden zu bringen. Die Tage voll pausenloser Arbeit sind erträglicher als die Abende und Nächte. Wie oft sitzt er schweigend in Jorams Haus – und dieses Schweigen schreit eine einzige Frage hinaus: »Warum?«

An einem Abend hält Micha das Schweigen nicht mehr aus. Er muss reden und erzählt von der merkwürdigen Begegnung mit diesem Jesus am Abend von Jorams Tod. Ganz leise, als würde er nur zu sich selbst sprechen, erzählt er die Geschichte, die er gehört hat:

»Es hatte einer einen Feigenbaum. Der war in seinem Weinberg gepflanzt. Und er kam und suchte Frucht und fand keine. Da sagte er zu seinem Gärtner: ›Dieser Feigenbaum, seit drei Jahren warte ich auf Frucht. Ich finde keine. Hau ihn ab!‹«

»Hau ihn ab!« Ein gellender Schrei geht durch den dunklen Raum. »Gott hat ihn abgehauen! Zusammengeschlagen! Warum?« Salome, die Älteste, vierzehn Jahre alt, verliert die Fassung. Sie schreit ihre ganze Verzweiflung heraus: »Also ist unser Vater selbst schuld, dass es ihn erwischt hat?! Er war eben ein böser Mensch, ein böser Baum, hat keine Frucht gebracht, deshalb abgehauen! Achtzehn Verbrecher – Gott hat sie zum Tode verurteilt, gesteinigt vom Schiloachturm! Willst du das sagen, Micha?« Und dann: »Ich hasse dich!«

Jetzt bricht die ganze Trauer aus der Tochter heraus. Sie weint, wie sie seit Tagen nicht weinen konnte. Keiner im Raum ist ohne Tränen. Rebekka nimmt ihre Tochter in die Arme. Johannes geht zu Micha und weint auf seinem Schoß. Es braucht lange, bis Micha ein Wort sagen kann, so leise, als wären es nur Gedanken, keine Worte:

»Da sagte der Gärtner: ›Lass ihn noch, dies

Jahr. Ich will mich um ihn kümmern, meinen Feigenbaum, will um ihn den Boden lockergraben und ihn düngen. Er bringt vielleicht doch noch Frucht. Sicher bringt er Frucht, ganz sicher.‹«

Wieder schweigen sie, ganz lange. Alle denken über diese merkwürdige Geschichte nach. Aber sie finden keine Antwort auf ihre Fragen, deshalb schweigen sie. Und doch: Irgendwie sind sie an diesem Abend näher zusammengerückt. War da doch ein Funke Trost, irgendetwas, unfassbar für Worte?

Wieder durchbricht Micha das Schweigen: »Morgen gehe ich in euren Weinberg. Die Reben müssen beschnitten werden. Und ... und ...«, er kann nur schwer weiterreden, »und ich will um den Feigenbaum graben.« Micha steht auf und geht zur Tür. Da sagt Salome: »Ich komme morgen mit. Du kannst mit mir rechnen!«
Es ist das erste Mal, dass Salome nach dem Tod des Vaters wieder an die Arbeit gehen will.
Es vergehen Wochen. Im Haus Joram wird viel geschwiegen an den langen Abenden und viel geweint. Micha ist oft dabei. Einmal, an einem lauen Abend, sitzen sie nach der Arbeit im Weinberg unter ihrem Feigenbaum. Der treibt viele Früchte. Wie schon oft bitten sie Micha, die Geschichte vom Feigenbaum wieder zu erzählen. Sie hören zu, jedes Mal, als wäre die Geschichte ganz neu: »Es hatte einer einen Feigenbaum. Er kam und suchte Frucht und fand keine. Deshalb sagte er zu seinem Gärtner: ›Hau ihn ab!‹ Da sagte der Gärtner: ›Lass ihn! Ich will mich um ihn kümmern, den Boden locker graben, ihn düngen. Er bringt vielleicht doch noch Frucht. Sicher bringt er Frucht!‹«

»Da ist ein böser Gott«, sagt Rebekka, »ein Gott, der Menschen abhaut, weil sie keine Früchte bringen. Und da ist ein guter Gott, der Mitleid hat mit dem Baum, und ihn hegt und pflegt. Da kann der Baum Früchte bringen.«

»Ich glaube an den guten Gott«, sagt auf einmal Salome. »Er ist traurig wie wir, weil Vater tot ist. Er weint mit, wenn wir weinen.« Salome kann nicht mehr weiter reden. Sie kann wieder weinen. Rebekka, Johannes und Micha weinen auch.

»Aber warum hat Joram sterben müssen, wenn Gott so traurig ist wie wir?«, fragt Micha. Da steht Rebekka auf und setzt sich ganz nah neben Micha, als wollte sie ihn trösten: »Ich weiß es nicht, Micha, ich weiß es nicht!« Und dann fügt sie unvermittelt hinzu: »Micha, ich danke dir für alles! Du bist Jorams bester Freund.«

An diesem Abend beten sie das erste Mal wieder einen Psalm vor dem Schlafengehen, wie Joram es immer getan hat:

Nach dir, Herr, verlanget mich.
Mein Gott, ich hoffe auf dich.
Denn du bist der Gott,
der mir hilft;
täglich harre ich auf dich.
Wende dich zu mir und sei mir gnädig.
Sieh an meinen Jammer und mein Elend.
Bewahre meine Seele und errette mich!
Lass mich nicht zuschanden werden,
denn ich traue auf dich!

Am nächsten Morgen verabschiedet sich Micha von Rebekka und den Kindern. »Lasst mich ein paar Tage allein«, sagt er, »ich will diesen Jesus finden, er soll mir sagen, was er gemeint hat mit seiner Geschichte vom Feigenbaum.«

Micha braucht einige Tage, bis er eine Spur von Jesus findet. Die führt ihn nach Jerusalem. Noch rechtzeitig vor dem Sabbat kommt er in die Stadt. Er fragt viele Leute nach Jesus – vergeblich.

Schließlich trifft Micha eine Frau, eine Magd, die bei einem Zolleinnehmer arbeitet. Sie kann ihm etwas sagen: »Vor wenigen Stunden ist ein Mann namens Jesus gekreuzigt worden. Eine merkwürdige Kreuzigung. Er ist heimtückisch verurteilt worden, aber er hat sich nicht gewehrt. Er hat furchtbare Qualen gelitten und hat nicht geflucht. Er hat Psalmgebete gesprochen und Gott ›Vater‹ genannt – und für die Folterknechte hat er um Vergebung gebetet.«

»Und warum ist er zum Tode verurteilt worden?«, fragt Micha entsetzt.

»Ich weiß nicht genau«, sagt die Magd, »ich glaube, der hat behauptet, er sei Gott, der Spinner!«

Micha lässt die Magd stehen und läuft ziellos durch die Stadt. Er kann keine Ordnung in seine Gedanken bringen – und doch ist es ihm, als wäre ihm ein großes Licht aufgegangen: »Dieser Jesus erzählt vom Feigenbaum. Jetzt hat man ihn selbst abgehauen. Weil er keine Frucht gebracht hat? Quatsch!«

Micha bleibt stehen und setzt sich auf eine niedrige Mauer. Er denkt weiter: »Natürlich hat er Frucht gebracht, dieser Jesus. Die Geschichte vom Feigenbaum, seine Frucht. Aber die Menschen haben ihn nicht haben wollen. Sie haben geschrieen: ›Hau ihn ab! Hau ihn ab!‹

Ich glaube, die Menschen glauben lieber an den bösen Gott. Jesus hat gesagt: ›Ich bin der gute Gott. Der Gott, der Mitleid hat und Geduld.‹ Deshalb hat man ihn abgehauen. Gott abgehauen.

Salome hat gesagt: ›Gott weint mit uns um Joram.‹ Und Jesus, Gott stirbt am Kreuz unter Qualen. Mir kommt's so vor – das ist doch unvorstellbar: Gott stirbt den Tod von Joram.«

»Ich muss viel mehr über diesen Jesus erfahren«, denkt Micha.

»Aber jetzt gehe ich zurück zu Johanna, Salome, Rebekka. Schließlich bin ich Jorams bester Freund!«

Die Geschichte vom Turm von Schiloach

Um diese Zeit kamen einige Leute zu Jesus und erzählten ihm von den Männern aus Galiläa, die Pilatus töten ließ, als sie gerade im Tempel Opfer darbrachten; ihr Blut vermischte sich mit dem der Opfertiere.

Jesus sagte zu ihnen: »Meint ihr etwa, dass sie so einen schrecklichen Tod fanden, weil sie schlimmere Sünder waren als die anderen Leute in Galiläa? Nein, ich sage euch: Wenn ihr euch nicht ändert, werdet ihr alle genauso umkommen!

Oder denkt an die achtzehn, die der Turm am Teich Schiloach unter sich begrub! Meint ihr, dass sie schlechter waren als die übrigen Einwohner Jerusalems?

Nein, ich sage euch: Ihr werdet alle genauso umkommen, wenn ihr euch nicht ändert!«

Dann erzählte ihnen Jesus folgendes Gleichnis:

»Ein Mann hatte in seinem Weinberg einen Feigenbaum gepflanzt. Er kam und suchte Früchte an ihm und fand keine. Da sagte er zu seinem Weingärtner: ›Hör zu: Drei Jahre sind es nun schon, dass ich herkomme und an diesem Feigenbaum nach Früchten suche und keine finde. Also hau ihn um, was soll er für nichts und wieder nichts den Boden aussaugen!‹

Aber der Weingärtner sagte: ›Herr, lass ihn doch dieses Jahr noch stehen! Ich will den Boden rundherum gut auflockern und düngen. Vielleicht trägt der Baum dann im nächsten Jahr Früchte. Wenn nicht, dann lass ihn umhauen!‹« [Lukas 13,1–9]

Die Sache mit dem Fruchtbringen

Schon im Garten Eden da

Die Pflanze, die als erste in der Bibel mit Namen erwähnt wird, das ist nicht der Apfel-, sondern der Feigenbaum! In der Paradiesgeschichte erkennen Adam und Eva, dass sie nackt sind. Und was tun die beiden? Sie heften sich notdürftig Schurze zusammen – und zwar aus den Blättern des Feigenbaums. So wurde das »Feigenblatt« zum geflügelten Wort für einen nicht besonders erfolgreichen Versuch, unangenehme Tatsachen schamhaft zu verhüllen.

Voll das Leben

Wer im alten Israel unter dem eigenen Weinstock und Feigenbaum wohnte, galt als Glückpilz, der sich seines Lebens freuen konnte. Der Feigenbaum spielt in den Texten des Alten Testaments immer wieder eine Rolle. Vor allem die Propheten vergleichen das Volk Israel oft mit einem Feigenbaum – im positiven wie im negativen Sinn: Bringt der Feigenbaum reiche Frucht, ist er das Sinnbild für ein Leben, das Gott gefällt. Bringt er aber keine Frucht, ist er zu nichts zu gebrauchen und gehört umgehauen. Beim Feigenbaum kommt es allein auf die Früchte an: Sie machen den Wert des Baumes aus – sein Holz taugt nicht einmal viel als Brennholz, geschweige denn als Baumaterial (und die Feigenblätter waren schon bei Adam und Eva sehr schnell aus der Mode gekommen).

Furchtbar unfruchtbar?

Wenn Jesus in seinem Gleichnis von einem Feigenbaum erzählt, war seinen Zuhörerinnen und Zuhörern klar, dass es hier nicht um gärtnerische Ratschläge ging. Sie wussten, wer mit dem Feigenbaum, der keine Früchte trug, eigentlich gemeint war: Jesus sprach von seinem Volk, den Juden, und forderte sie auf, sich auf Gott zu besinnen und ihr Leben zu ändern, damit es »Frucht bringend« wird. Den Menschen in der ersten Gemeinde, die sich diese Jesus-Geschichte immer wieder erzählten, war auch bewusst: Jesus war wie der Weingärtner im Gleichnis, der keinen aufgibt, der ihm anvertraut ist.

107

Warum?

Ich trau mich jetzt und frage: Warum …?

▸ *108*

@uferstanden
Maria Magdalena

Am Ende,
kein Weg mehr zu sehen,
alles wie abgestorben.

Da kommt jemand
und sagt: »Steh auf und geh!«.
Plötzlich bricht Licht durch das Grau.
Der Stein ist von der Seele weggewälzt.
Eine Tür steht offen.

Einer ist da, vom Himmel geschickt,
der richtet mich auf,
der lässt mich frei atmen.
Und ich kann wieder leben, kann lachen
und weitergehen.

Aufstehen, aufbrechen
aus dem Bannkreis des Todes – schon jetzt!
Mitten im Alltag – wie auferstanden.
Ein Vorschuss auf die Ewigkeit.
Kleine Münzen der Hoffnung.
Nach Tränen kommt Trost.
Nach Tod kommt Leben.

Willkommen, Visitor 127!
Sie haben soeben den Girls-Chatroom »Alpha +Omega« betreten. Ihre persönliche Zugangsberechtigung erlaubt es Ihnen, sich nach dem Aufruf »Visitor 127« einzuloggen. Die Eingabe eines Passworts entfällt. Viel Spaß beim Chat!

Magdalena5 ;-) Hi. Wer ist sonst noch hier?

Maria Schalom, Namenscousine. Auch mich nennen die meisten »Magdalena«, weil ich aus der Stadt Magdala komme. Das liegt am See Gennesaret.

Chatkati =) See Gennesaret? Das ist in Israel, oder?

Maria Ja. Aber heute gibt's dort nur noch ein paar Ruinen. Zu meiner Zeit war in Magdala viel mehr los. Es gab eine Menge Fischer bei uns und Tuchfärber. Die Kaufleute kamen von überall her und haben Stoffe und Pökelfisch in Magdala eingekauft.

Magdalena5 :-S Moment mal, Maria … was heißt hier zu deiner Zeit?

Maria Damals, als die Römer am See Gennesaret das Sagen hatten. Das ist jetzt fast zweitausend Jahre her.

Fritzi :-> Nette story! Gleich erzählst du uns, dass du Jesus und den lieben Gott noch persönlich gekannt hast?!

Maria Als ich Jesus zum ersten Mal begegnet bin, ging's mir sehr schlecht. Niemand konnte mir helfen – niemand außer Jesus.

Magdalena5 =:o Soll das heißen, du bist *die* Maria Magdalena? Aus der Bibel???

Maria Genau. Ich bin die Maria, die Jesus als Erste gesehen hat, als er auferstanden war. Darum könnt ihr meinen Namen auch in der Bibel finden. Viel haben sie dort ja nicht über mich geschrieben – schließlich bin ich bloß eine Frau.

Fritzi :-V Hä? Worüber redet ihr denn da? Ich versteh kein Wort! Geht das auch der Reihe nach?

Visitor 127 ....
....

Chatkati :-v Erzähl mal, Maria. Wie war das mit dir und Jesus? Wie hat es angefangen?

Maria Gut. Ihr müsst wissen, ich war nie ein besonderer Glückspilz. Meine Mutter ist kurz nach meiner Geburt gestorben. Als ich gerade fünfzehn geworden war, ist mein Vater auf dem See in einen Sturm geraten – das Boot kenterte. Er ist ertrunken. Auf einmal stand ich ganz allein da. Es war, als würde ich in ein tiefes, schwarzes Loch fallen – heute nennt man das wohl Depression. Mein Vater hatte zusammen mit einem Freund ein kleines Gasthaus am Hafen gehabt. Er hieß Hermas und hat es gut mit mir gemeint: Hermas zahlte mir den Anteil meines Vaters aus und stellte mich als Kellnerin ein. Aber ich hab diese Arbeit gehasst: Fischer und Kameltreiber sind nicht sehr zimperlich im Umgang mit einem Mädchen, das keinen Vater, keinen Bruder hat, der sie beschützt. Tja, Magdala hatte zu der Zeit einen ziemlich üblen Ruf: Stadt der Hurerei haben sie sie genannt.

Magdalena5 >:-(Du meinst, sie haben dich übel angemacht?!

Maria Stimmt. Ich hab mich so vor mir selber geekelt – voller Schmutz habe ich mich gefühlt. Das reichte bis tief in meine Seele – so was kannst du nicht einfach abwaschen. Ich hab mir oft gewünscht: ›Wenn ich doch nur tot wäre – tot wie mein Vater und meine Mutter.‹ Das war, als würden Dämonen auf meiner Brust sitzen und mir die Luft zum Atmen abschnüren. Ich wurde sie einfach nicht los – bis zu dem Tag, an dem Jesus nach Magdala gekommen ist. Der hat mein Leben verändert. Er schaute mir in die Augen und sein Blick sagte: »Komm mit mir!« Der Schmerz war weg, kein Schmutz mehr da. Plötzlich konnte ich wieder tief Atem holen. Ich hab alles stehen und liegen lassen und bin seine Jüngerin geworden.

Chatkati :-y Gib's zu, du hast dich in ihn verkuckt!

Maria Ich hab Jesus vom ersten Augenblick an geliebt. Aber das war ganz anders als die Liebe, die mir die Karawanenknechte für ein paar Münzen abkaufen wollten. Am Anfang war ich Jesus einfach dankbar. Und dann, als seine Jüngerin, hab ich ihn unendlich verehrt für das, was er getan und gesagt hat. Er ist allen Menschen mit Liebe und Respekt begegnet – auch denen, die die anderen verachtet und misshandelt haben.

Fritzi (:-I Manche sagen, du bist die Geliebte von Jesus gewesen. Was ist an dem Gerücht dran?

Maria Du bist mit jemandem zusammen, von dem du ganz begeistert bist. Irgendwann ertappst du dich dabei, dass du dir vorstellst, wie es wäre, wenn der sich in dich verlieben würde. Und wenn dir klar wird, was du da eben gedacht hast, dann versuchst du, diese Gedanken wieder aus deinem Kopf zu verjagen. Du spürst: Es kann, es wird nie so sein. Es hat schon Tage gegeben, da habe ich im Stillen davon geträumt, Jesus wäre nicht nur mein Lehrer, sondern … Doch diese Träume sind mit Jesus am Kreuz gestorben. Ich hab sie zusammen mit ihm begraben. Und im Gegensatz zu Jesus sind sie im Grab geblieben. Aber darüber bin ich gar nicht traurig. Das war gut so.

Magdalena5 :-v Da war doch diese Sache mit der Salbung, wo du Jesus die Füße mit so'nem Öl eingerieben hast – und mit deinen Haaren getrocknet!

Maria Ja, eine schöne Geschichte, und es ist auch etwas Wahres dran. Die Frau, die Jesus kurz vor seinem Tod gesalbt hat, hat es wirklich gegeben – aber ich war es nicht. Wir haben nicht einmal ihren Namen gekannt. Irgendwer hat dann behauptet, es wäre Maria aus Betanien gewesen. Und einige Jahrhunderte später haben sie die Frau dann mit mir verwechselt, nur weil ich auch Maria heiße. Naja, was das angeht, bin ich Kummer gewöhnt.

Chatkati :-v
Wie meinst du das?

Maria Was haben sie nicht alles von mir erzählt: Sie haben mich zum Callgirl gemacht, das seine vielen Sünden bereut. Sie haben sich erzählt, ich hätte bis zu meinem Tod als halbnackte Einsiedlerin in einer Höhle an der Küste Südfrankreichs gelebt. Alle möglichen Geschichten haben die Herren von mir in die Welt gesetzt. Aber die Geschichte, die wirklich das Wichtigste in meinem Leben war, ist darüber immer mehr in Vergessenheit geraten: Dass ich Jesus bis zum Schluss begleitet habe, gesehen habe, wie er gestorben ist und wie sie ihn ins Grab gelegt haben. Und dass ich ihm als Erste begegnet bin, als er vom Tod auferstanden war.

Fritzi (:-/ Wie war das denn nun? Ich kann einfach nicht glauben, dass jemand wieder lebendig wird, der richtig tot war. War Jesus da ein Geist oder so was?

Visitor 127 ....
....

Maria Ich habe nicht für alles eine Erklärung. Ich kann dir nur erzählen, was ich gesehen und gehört habe. Dann kannst du selbst entscheiden, ob du mir glauben willst oder nicht.

Du weißt doch, dass Jesus an einem Freitag gekreuzigt worden ist. Das war also am Tag vor dem Sabbat, an dem nach jüdischem Brauch keine Beerdigung stattfinden darf. Josef aus Arimathäa, der hat als Ratsherr schon einigen Einfluss gehabt. Er hat den Statthalter der Römer überredet. Und Pontius Pilatus hat ihm tatsächlich den Leichnam von Jesus überlassen. Josef hat Jesus dann noch am selben Tag vom Kreuz abgenommen und ihn in eine Grabhöhle in einem Garten ganz in der Nähe von Golgota gebracht.

Chatkati :-o Grabhöhle? Klingt ja echt gruselig. Warum haben sie ihn denn nicht einfach ganz normal begraben? Mit Sarg und so??

Maria Ein Felsengrab war bei uns damals so üblich. Die Toten hat man in einer Höhle begraben. Josef war ein sehr reicher Mann, deshalb hatte er für seine Familie ein neues Grab gekauft. Dorthin haben sie also den toten Jesus gebracht. Dann haben sie seinen Körper in Leinentücher gewickelt. Wenn es nicht kurz vor dem Sabbat gewesen wäre,

Die Sache mit den Frauen namens Maria

Im ältesten Evangelium, dem nach Markus, wird (ebenso wie bei Matthäus) der Name der Frau nicht genannt, die Jesus am Abend vor der Kreuzigung gesalbt hat: »Jesus war in Betanien bei Simon, dem Aussätzigen, zu Gast. Während des Essens kam eine Frau herein. Sie hatte ein Fläschchen mit kostbarem Nardenöl. Das öffnete sie und goss Jesus das Öl über den Kopf.« (Markus 14,3) In der Passionsgeschichte des Johannes-Evangeliums heißt diese Frau Maria. Sie wird mit der Schwester von Marta und Lazarus gleichgesetzt, die enge Freunde von Jesus waren: »Die Geschwister hatten Jesus zu Ehren ein Festessen vorbereitet. Marta trug auf, während Lazarus mit Jesus und den anderen zu Tisch lag. Maria aber nahm eine Flasche mit reinem kostbarem Nardenöl, goss es Jesus über die Füße und trocknete diese mit ihrem Haar. Das ganze Haus duftete nach dem Öl.« (Johannes 12,2–3) Im Lukas-Evangelium findet man in der Passionsgeschichte keine solche Szene. Eine Salbungsgeschichte gibt es aber bei Lukas an anderer Stelle. Dort wird erzählt, dass eine namenlose (!) Prostituierte Jesus salbt, als er bei dem Phärisäer Simon zu Gast ist: »In derselben Stadt lebte eine Frau, die als Prostituierte bekannt war. Als sie hörte, dass Jesus bei dem Pharisäer eingeladen war, kam sie mit einem Fläschchen voll kostbarem Salböl. Weinend trat sie an das Fußende des Polsters, auf dem Jesus lag, und ihre Tränen fielen auf seine Füße. Mit ihren Haaren trocknete sie ihm die Füße ab, bedeckte sie mit Küssen und salbte sie mit Öl.« (Lukas 7,37–38)

Ursprünglich hatten diese Frauengestalten nichts mit Maria aus Magdala zu tun. Doch das änderte sich, als Papst Gregor I. Ende des 6. Jahrhunderts in einer Reihe von äußerst beliebten Predigten über Maria aus Magdala alle diese Texte auf sie bezog. So wurde aus ihr eine reumütige Sünderin, die sich zu Jesus bekehrte und ihn salbte. Seither hat die »heilige Hure« Maria Magdalena immer wieder Dichter und Maler fasziniert und ihre Fantasie beflügelt.

115

hätte Josef Jesus bestimmt einbalsamieren lassen. Aber dazu war keine Zeit mehr.

Fritzi :-7 Ja, aber wenn der tote Jesus so einfach in einer Höhle lag, da hätte ihn doch jeder wegnehmen können?

Maria Das Grab war mit einem Rollstein verschlossen. Der war so schwer, dass nur mehrere Männer ihn hätten wegrollen können.

Magdalena5 =) Und was wolltest du dann am Grab? Schließlich konntest du ja nicht wissen, dass Jesus nicht mehr drin liegt.

Maria Ich hab es einfach nicht mehr ausgehalten. Die Jünger hatten sich ja alle in einem Haus in Jerusalem verkrochen. Ein Haufen Jammerlappen! Sie sind nur dagesessen, haben nichts geredet, nichts gegessen, nicht geschlafen. ›So muss es im Totenreich sein‹, ging es mir durch den Kopf. Dann hab ich an Jesus gedacht, der jetzt auch bei den Toten war. Da hatte ich das Gefühl, dass ich ersticke. Ich musste raus aus der Stadt, ich musste zu ihm. Wenigstens seinem toten Körper wollte ich nahe sein. Also bin ich noch vor Tagesanbruch los, zum Grab im Garten. Maria, die Mutter von Jakobus, und Salome wollten mich nicht allein lassen und sind mitgegangen. Als wir zum Grab gekommen sind, haben wir gesehen, dass der Stein weggerollt war. Und: Jesus war nicht mehr dort. Wir sind mächtig erschrocken. Hatte Josef unseren toten Meister in ein anderes Grab bringen lassen? Oder hat irgendwer seinen Leichnam gestohlen? In unserer Panik sind wir dann zu den anderen zurückgerannt. Doch die haben uns nicht geglaubt und dachten wohl: ›Die sind jetzt verrückt geworden!‹

Chatkati :-v Ich dachte, da wären noch irgendwelche Engel im Spiel. Davon hast du uns noch gar nichts erzählt!

Maria Weißt du, heute denke ich, dass da wohl Boten Gottes dort waren, die mir zugerufen haben: »Jesus ist nicht tot! Er lebt!« Aber ich war so blind vor lauter Tränen und taub vom vielen Weinen, dass ich gar nicht mehr alles mitbekommen habe, was um mich herum passierte. Und eigentlich wollte ich auch gar niemanden sehen. Ich wollte allein sein mit meinem Schmerz. Schließlich war Jesus der Mann, den ich geliebt habe mit allem, was ich hatte. Es gab nur diese eine Stimme in meinem Kopf, die immer wieder fragte: »Wo ist er? Was ist geschehen?«

Magdalena5 :-o Darum hast du ihn auch nicht gleich erkannt, als er dann wirklich vor dir stand?

Fritzi :-p Bäh, ich hasse das, wenn ihr hier so tut, als wüssten alle schon Bescheid. Du hast ihn echt gesehen? Und trotzdem nicht gerafft, dass es Jesus ist?

Maria Genauso war es. Als ich am Grab war, überkam es mich: Ich heulte einfach los und konnte gar nicht mehr aufhören. Auf einmal sprach mich jemand an: »Was weinst du? Wen suchst du?« Ich hab nicht aufgesehen, weil ich dachte: Das ist bestimmt Josefs Gärtner. Dann kam mir, dass der vielleicht wusste, wo ich Jesus finden konnte. Ich hab ihn gefragt: »Ich suche meinen Herrn. Hast du ihn weggebracht?« Da hörte ich, wie er

meinen Namen sagte: »Maria!« Das war seine Stimme! Er war es – Jesus! »Rabbuni!«, entfuhr es mir. Mein Meister war nicht tot! Er lebte! Das hat mir den Boden unter den Füßen weggezogen. Ich bin auf meine Knie gefallen und hab meine Arme um ihn geschlungen.

Chatkati =:o Oh Mann, wie im Liebesroman!

Maria Du meinst: wie im Liebesroman – langer Kuss und Schluss! Ich hab mich nach so einem Happy-End gesehnt. Ich wollte den Mann, den ich liebte, jetzt nicht mehr loslassen, damit ihn mir niemand mehr nehmen konnte. Doch da sagte Jesus zu mir: »Halte mich nicht fest!« Auch wenn ich es nicht gleich wahrhaben wollte: Jetzt war nichts mehr wie vorher. Das war der Jesus, dem ich mit Haut und Haaren nachgefolgt war – und zugleich war er ganz anders. Es war so unheimlich – und gleichzeitig so schön. Ich begriff gar nichts mehr.

Visitor 127 ....

Magdalena5 :-o Und was ist dann passiert?

Maria Jesus sagte: »Ich werde zu meinem Vater zurückkehren. Maria, geh zu Petrus und Johannes und den anderen! Sag ihnen von mir, dass ich zu dem gehe, der mein Vater und euer Vater ist, mein Gott und euer Gott.« Jesus schickte mich weg – und ich wusste nicht, ob ich ihn noch einmal wiedersehen würde. Noch einmal wenigstens wollte ich ihm in die Augen sehen. Und seine Augen haben mir gesagt: »Geh ruhig und hab keine Angst. Ich lasse dich nicht allein!« Mir hat sich das Herz zusammengekrampft, als ob es zerspringen wollte. Doch das dauerte nur einen kurzen Augenblick. Und dann – ich weiß auch nicht, wie – fühlte ich mich getröstet und froh. Ich wusste auf einmal: Zum zweiten Mal hat mich Jesus frei gemacht. Zum zweiten Mal hat er meinen Kummer und meinen Schmerz von mir weggenommen. Jetzt konnte ich das tun, was er von mir wollte. Also bin ich zu den Jüngern zurückgegangen und habe ihnen gesagt: »Ich habe den Herrn gesehen!«

Fritzi :-v Und haben sie dir geglaubt?

Maria Glaubst du mir denn jetzt?

Fritzi 00o:-/ Ich weiß nicht.

Maria Mir war schon klar, dass mir das, was ich erlebt hatte, kaum jemand abnehmen würde. Frauen waren damals ja noch nicht einmal im Zeugenstand bei Gericht zugelassen. Deshalb ist es den Jüngern auch so schwer gefallen, mir zu glauben. Erst als Jesus selbst vor ihnen stand, da haben sie endlich begriffen, dass er wirklich auferstanden war.

Magdalena5 :-y Also, ich weiß ja nicht, wie es Fritzi und Chatkati geht, aber ich glaube dir. Ich finde es gut, dass hier auch mal eine Frau was wirklich Wichtiges als Allererste weiß!

Maria Freut mich, kleine Namenscousine. Und vielleicht machst du es wie ich: Sag es allen weiter, dass Jesus lebt. Und wenn sie lachen und dir nicht glauben, dann mach dir nichts draus. Die Wahrheit, die man im Herzen spürt, können sie zwar verlachen. Aber auslöschen kann sie keiner! Schalom, meine Freundinnen! (Maria verlässt den Raum.)

Fritzi ((:-c Also ehrlich! Da hat uns doch bestimmt eine ganz kräftig verladen. Ihr werdet doch einer solchen Geschichte nicht auf den Leim gehen?! Das kann einfach nicht so abgelaufen sein. Das gibt's doch gar nicht!

Chatkati o:-) Wen interessiert das denn schon, ob alles genauso passiert ist oder nicht? Wahr ist doch nicht bloß das, was man fotografieren kann. Und du, Visitor 127, was meinst du?

Visitor 127 ....
....

Emoticons

;-)	zwinkern	**:-p**	Zunge rausstrecken
I-o	gähnen	**:-***	Küsschen
:-7	trockener Kommentar	**:-v**	reden
:-))	sehr glücklich	**:-V**	schreien
=)	überrascht	**OOo:-)**	nachdenken
:-S	durcheinander	**:-(o)**	kreischen
:-c	deprimiert	**d:-o**	Hut ab
:-o	geschockt	**:-y**	etwas mit einem Lächeln sagen
:-D	lachen	***:-I**	tagträumen
:-I	gleichgültig	**:-}**	nervös lachen
:-<	enttäuscht	**=:o**	wow!
>:-<	zornig	**:-x**	meine Lippen sind zugenäht
(:-<	Stirn runzeln	**};-)>**	Teufel
:-)	glücklich	**o:-)**	Engel
:-(	unglücklich	**:-)}**	versuchen, nicht zu lachen
:->	sarkastisch	**:-/**	grimmig
		$-)	gierig
		X-)	hab nix gesehen!

Die Sache mit der Auferstehung

Was ist geschehen?

»Der Herr ist auferstanden! Er ist wahrhaftig auferstanden!« – knapper lässt sich der christliche Glaube nicht zusammenfassen. Dieses Kurzbekenntnis birgt jede Menge Sprengkraft: Wer es nachspricht, vertraut darauf, dass etwas völlig Unerhörtes, noch nie Dagewesenes passiert ist. Noch an Karfreitag war die Jesus-Bewegung am Ende. Für die Jünger muss es wie ein Schlag ins Gesicht gewesen sein: ihr Meister entrechtet, gequält, verlacht, gestorben, begraben – von Gott verlassen (so scheint es), tot. Letzter Akt der Tragödie: das Kreuz als komplette Katastrophe.

Wäre es dabei geblieben, würden wir heute nichts von Jesus wissen. Erst allmählich kommen die Jüngerinnen und Jünger zur Besinnung und lernen zu begreifen: Das Kreuz ist nicht das Ende, sondern die Wende der Welt.

Wie kann das sein?

Alles nur Wunschdenken, sagen manche. Die Jünger wollten ihre Niederlage nicht wahrhaben und retteten sich in die Wahnvorstellung, Jesus wäre gar nicht tot. Sie hätten ihren Meister »gesehen«, weil sie ihn sehen wollten. Doch kann die Annahme eines solchen »Psychotricks« wirklich erklären, was an Ostern geschah? Warum erheben auf einmal dieselben Jünger, die eben noch völlig panisch ihren Meister im Stich gelassen haben, weil sie um ihr Leben fürchteten, kurze Zeit später ihre Stimmen, erzählen aller Welt begeistert von Jesus und lassen sich auch von Verfolgung nicht zum Schweigen bringen, sondern gehen freudig für ihren Herrn in den Tod?

Reicht es aus zu sagen, dass die Jünger die Auferstehung als eine Art Symbol verstanden haben, mit dem sie sagen wollten, dass die Botschaft von Jesus trotz seines Todes am Kreuz nicht erledigt ist, sondern weiter gilt? Oder haben sie erlebt, wie Gott an einem bestimmten Ort und zu einer bestimmten Zeit eingegriffen und gehandelt hat – auch wenn das unsere menschliche Vorstellungskraft übersteigt?

Was bedeutet das?

Bei der Auferweckung von Jesus geht es nicht um eine Art supermedizinische Wiederbelebung eines Toten, der irgendwann zum zweiten Mal sterben muss, sondern um den Übergang in ein neues, unvergängliches Leben an Gottes Seite – etwas, was es zuvor noch nie gegeben hat.

Die Auferweckung von Jesus bleibt ein tiefes Geheimnis und lässt sich nicht historisch hieb- und stichfest beweisen. Wir haben nur die Aussagen der Osterzeuginnen und -zeugen, die weitergeben, was sie erlebt haben: eine im Vertrauen auf Gott und seine Macht erfahrene Wirklichkeit, die ihr Leben radikal verändert hat. Sie bekennen: Gott hat gehandelt und Jesus vom Tod auferweckt. Das ist der Kern des Osterwunders. Eine Tat, machtvoll wie die Schöpfung der Welt. Jesus und seine Botschaft sind bestätigt. Gott hat sich zu seinem Sohn bekannt. Und weil das so ist, können sich seine Jüngerinnen und Jünger wieder zu ihrem Meister bekennen. Sie verstecken sich nicht mehr und geben die Botschaft des Auferstanden weiter – so, dass wir sie heute noch hören können.

@uferstanden

Die reine Wahrheit oder purer Blödsinn – »Jesus ist auferstanden.«
Dazu kann ich nur sagen:

ich – du – WIR:

Was verbindet mich mit Gott?

Verbotene Früchte

Jetzt ist es passiert.
Warum bloß hab ich das getan?
Was gäbe ich nicht alles drum,
wenn ich die Zeit zurückdrehn könnte!
Doch jetzt heißt es auslöffeln,
was ich mir da eingebrockt habe.
Ich hör schon meinen Vater sagen:
»Kleine Sünden straft der liebe Gott sofort!«
Und Mutti fragt bestimmt:
»Welcher Teufel hat dich da geritten?«
Manchmal versteh ich mich ja selber nicht.
Eigentlich ist mir schon klar,
was gut ist und was schlecht.
Und trotzdem tu ich manchmal Dinge,
obwohl mir klar ist, dass ich
sie besser lassen sollte.
Es ist, als ob plötzlich zwei Stimmen da sind,
eine rechts, die andre links.
Links heißt es »Tu es!«,
rechts »Lass es sein!«.
Verbotene Früchte sind eben doppelt süß –
aber vielleicht auch nur,
bis wir davon gekostet haben?

PARADISE-PARTY PART I

»Paradise-Party« stand in großen Lettern auf gelbem Papier. Eve Kostar hatte mit ihrer Freundin Sabina zusammen den ganzen Nachmittag am Computer verbracht, um das Plakat zu gestalten.

»Ich kann noch gar nicht glauben, dass es am Samstag wirklich so weit ist. Super, dass Herr Thomas uns geholfen hat«, meinte sie. Eine ganze Zeit lang hatte es so ausgesehen, als müsste die Schuldisko am Faschingssamstag ausfallen, weil einfach kein geeigneter Raum zu finden war. Dann hatte Eve die Idee gehabt, es mit dem Gemeindehaus zu versuchen, wo sie sonntags beim Kindergottesdienst mithalf. Sie hatte ihren Religionslehrer Herrn Thomas dazu gebracht, sich für die Schüler einzusetzen. Und es hatte wirklich geklappt – nachdem sie feierlich versprachen, sich an die Hausordnung zu halten (kein Alkohol, keine Drogen!).

Spät am Abend lag Eve noch lange wach. Sie war zu aufgekratzt bei dem Gedanken an Samstag. Vor allem, weil sie seit heute wusste, dass auch Andi kommen würde: Andi Lehmann aus der 10. Klasse, der überall wegen seines unzähmbaren Lockenschopfs auffiel. Vor zwei Tagen hatte Eve ihrem Tagebuch anvertraut: »Ich glaube, ich bin in Andi verknallt. Lieber Gott, bitte, bitte mach, dass er mich auch mag!«

Wie es der Zufall wollte, schlenderte Andi gerade am Drogeriemarkt vorbei, als sie ihr Plakat an dessen Eingangstür klebten. Eve hatte sich nicht getraut, ihn anzusprechen, aber Sabina kannte da keine Scheu. Eve stand daneben und unterdrückte ein verlegenes Grinsen. Aber immerhin hatte er ihr beim Abschied zugelächelt und versprochen, am Samstag zu kommen! Dann musste sie zeigen, was in ihr steckte. Auf der Party, sagte sie sich entschlossen, würde sie über ihren Schatten springen und dann ...!

Am nächsten Morgen in der Schule empfing sie Sabina mit der Frage: »Na, was hast du heute Nacht Schönes geträumt? Lass mich raten: von – Andi?«

Eve merkte, wie ihr die Röte ins Gesicht schoss.

»Woher weißt du ...«, murmelte sie verlegen und versuchte angestrengt, ihre Freundin zu einer leiseren Tonart zu bewegen.

Gott legte einen Garten an in der Landschaft Eden, im Osten. In der Mitte pflanzte er den Baum des Lebens und den Baum der Erkenntnis des Guten und Bösen.

Unbekümmert und in unverminderter Lautstärke erwiderte Sabina: »Na, das konnte doch gestern eine Blinde sehen! Nur Andi hat's wahrscheinlich nicht gemerkt. Jungs schnallen so was erst, wenn man sie mit dem Holzhammer bearbeitet!«

Nach der Schule trafen sich Eve und Sabina, um ihre Kostüme für die Fete fertig zu machen. Sie wollten als Paradiesvögel gehen und hatten sich dazu ausgedacht, ihre Jazztanz-Trikots mit vielen bunten Stoffstreifen und bunten Federn zu benähen, die bei jeder Bewegung glitzern und flattern würden. Das war eine Menge Arbeit, machte aber viel Spaß. Es erleichterte Eve, dass sie Sabine auch ihr großes Problem anvertrauen konnte: Sie war einfach zu schüchtern, um einen Annäherungsversuch zu unternehmen. Doch Sabina grinste nur: »Wart's ab! Das mit euch beiden kriegen wir schon geregelt!«

Am Samstagmorgen war Eve um fünf hellwach und konnte beim besten Willen nicht weiterschlafen. Zum Glück gab es noch jede Menge zu tun. Ihr Vater hatte gerade keinen Dienst im Krankenhaus und Eve hatte ihn überredet, mit Sabina und ihr zum Getränkekaufen zu fahren. Zu dritt schleppten sie jede Menge Kisten mit Wasser, Cola und Saft in den Keller des Gemeindehauses.

Sabina hatte einige gebrauchte Matratzen – »für die Chillout-Zone« – organisiert und breitete sie in den Jugendgruppenräumen

im Kellergeschoss aus. Unterdessen machte sich Eve mit den anderen daran, die Fenster mit bunten Papierblüten sowie einem grellgrünen Dschungel aus Kunstblättern zu dekorieren. Inga zog eine Schachtel mit Holzäpfeln aus der Tasche, die sie im Christbaumschmuck ihrer Oma gefunden hatte, und ließ die falschen Früchte an dem großen Gummibaum vor der Bühne wachsen. Jens hatte zu Hause eine Stoffschlange aufgetrieben, die er um ihren Paradiesbaum wickelte.
»Es fehlen bloß noch Adam und Eva«, rief er und alle lachten.

Punkt acht standen dann zwei schillerndbunte Paradiesvögel am Gemeindehaus, über dessen Eingang ein riesiges Plakat in grüner Leuchtfarbe verkündete: »Paradise-Party – Enter The Garden of Eden Now«.
»Nichts wie rein ins Vergnügen!«, rief Sabina in Eves Richtung und zog ihre Freundin mit ins Gebäude.
Der Saal begann sich allmählich zu füllen. Sogar Herr Thomas war gekommen – im Teddybär-Schlafanzug. Mit einem Glas in der Hand stand er oben auf der Bühne neben Hansjörg, dem Schülersprecher, auf dessen T-Shirt »DJ Godfather« zu lesen war. Angestrengt hielt Eve nach Andi Ausschau. Da – am Saaleingang stand er, mit einem langen, schwarzen Mantel, Cowboy-Stiefeln

Gott brachte Adam und Eva in den Garten Eden, um ihn zu pflegen und zu bewachen. Und Gott sagte: „Von allen Bäumen hier könnt ihr essen, bis auf den Baum in der Mitte des Gartens. Wenn ihr von seinen Früchten esst, müsst ihr sterben."

und einem abgewetzten Lederhut, unter dem er seine Locken versteckt hatte. Er winkte ihr zu. Sie hatte das Gefühl, ihre Knie wären mit Götterspeise gefüllt.

Sabina grinste sie an und deutete auf Andi: »Los, komm!«

Eve stolperte durch die Tanzenden hinter Sabina her, bis sie vor Andi stehen blieben. »Hallo Andi«, rief Sabina. »Schön, dass du da bist. Wir konnten es schon gar nicht mehr erwarten, dich zu sehen, stimmt's?«

Eve brachte nur ein »Hi« als Begrüßung zustande.

Sabina ließ sich nicht beirren: »Kannst du kurz auf uns warten? Eve und ich verziehen uns nur mal kurz – du weißt schon wohin! Holst du uns solange was zu trinken? Nicht weglaufen, wir kommen gleich wieder!«

»Hier rein«, kommandierte Sabina und öffnete die Tür zur Behindertentoilette, »da stört uns keiner!«

»Sag mal, spinnst du, was soll denn das?«, entrüstete sich Eva, die endlich ihre Sprache wiedergefunden hatte. »Was willst du hier? Auf's Klo hätte ich schon noch alleine gefunden.«

»Jetzt reg dich mal wieder ab! Schau mal, was Schwester Sabina für dich hat: Liebesperlen für Paradieskinder, die sich nicht trauen!«

Sie zog ein kleines Plastiktütchen mit vier bunt gefärbten Pillen aus ihrer Tasche. Auf den Tabletten war etwas aufgeprägt: »ADAM« stand auf einer blauen, auf einer rosafarbenen »EVE« und auf der grünlich schimmernden war ein Apfel zu erkennen.

»Was ist denn das?«, fragte Eve entgeistert.

»Na, rate doch mal. Ich bin sicher, du kommst drauf!«

»Ecstasy? Du hast dir wirklich Ecstasy für die Party heute besorgt? Bist du noch zu retten? Du weißt doch ganz genau, dass wir versprochen haben, dass mit Drogen nichts läuft. Hey, die Dinger sind gefährlich!«

»Eve, du musst nicht alles glauben, was dir die Alten so erzählen. Das sind doch Horrorstorys von verknöcherten Spießern, die uns keinen Spaß gönnen!«, erwiderte Sabina lässig. »Glaub mir, wenn du's richtig machst, sind die Teile ganz harmlos. Du musst nur genug trinken und nicht zu viele davon einwerfen, dann ist das alles kein Problem. Die Liebesdroge hier wirkt Wunder, glaub's mir!

Und dann klappt's auch mit dir und Andi!« Sabina öffnete das Tütchen, nahm eine Pille heraus und drückte sie Eve in die Hand.

»Ich nehm auch eine, damit du mir glaubst, dass sie nicht vergiftet sind.« Sabina drehte den Hahn am Becken auf und spülte eine Pille mit Wasser hinunter.

Eve starrte auf die rosafarbene Tablette in ihrer Hand. Sie sah eigentlich ganz harmlos aus. Wenn sie wirklich helfen würde, ihre Schüchternheit zu besiegen? Von ihrem Vater wusste sie, dass Ecstasy schwere Nebenwirkungen haben konnte. Auf der anderen Seite waren Alkohol und Zigaretten ja auch gefährlich. Eve fühlte sich hin- und hergerissen. Wenn sich heute zwischen Andi und ihr nichts bewegte ...

»Wie lange wirkt das da?«, fragte sie schließlich zögernd.

»Keine Sorge – bis uns dein Vater abholen kommt, ist alles schon gelaufen. Der merkt bestimmt nichts!«, erklärte Sabina.

»Also gut, einmal ist keinmal.« Eve legte die Pille auf ihre Zunge und nahm einen kräftigen Schluck aus dem Wasserhahn.

»Jetzt aber Tempo! Jungs sollte man nie zu lange alleine lassen!«

Die Schlange war sehr klug und sagte zu Eva: „Wenn ihr von dem Baum in der Mitte esst, werdet ihr nicht sterben. Wer von seinen Früchten isst, wird erkennen, was gut und was schlecht für ihn ist. Dann seid ihr wie Gott."

Andis Miene hellte sich auf, als er die beiden Mädchen zurückkommen sah.

»Ich hab schon gedacht, ihr lasst mich hier mit eurer Cola versauern«, rief er und drückte ihnen die Becher in die Hand.

»Würden wir doch nie tun, was, Eve?«,

meinte Sabina. Dann streckte sie sich plötzlich und winkte wie wild. »Da hinten ist Chris. Sorry, ich muss euch jetzt verlassen«, rief Sabina, zwinkerte Eve verschwörerisch zu und drückte ihr schnell das Pillentütchen in die Hand. »Hier – für alle Fälle!«

Und Eva bekam Lust auf die Früchte des Baumes in der Mitte, weil sie so klug wie Gott sein wollte. Sie pflückte eine davon und biss hinein. Dann gab sie Adam davon und auch er aß.

Andi blickte Sabina hinterher und meinte: »Mann, quasselt die immer so ohne Punkt und Komma?«

»Naja, man gewöhnt sich daran«, antwortete Eve und versuchte, das Tütchen unauffällig in ihrer Tasche verschwinden zu lassen. Dabei ließ sie es fallen. Doch Andi war schneller und hob es vom Boden auf.

»Aber hallo, was haben wir denn da? Keine Smarties, oder?« Er sah sie mit einem überraschten Grinsen an.

Eve schüttelte den Kopf. Augen zu und durch, dachte sie und hörte sich sagen: »Willst du auch eine?«

»Naja, warum eigentlich nicht? Schließlich muss man alles mal ausprobiert haben.« Andi nahm sich die grüne Pille mit dem Apfel aus dem Tütchen.

Dann stellte er endlich die Frage, auf die Eve so lange gewartet hatte: »Wollen wir tanzen?«

»Na klar«, rief sie übermütig.

Es herrschte inzwischen ein richtiges Gedränge auf der Tanzfläche. Eve fühlte sich, als würde sie schweben. Sie ließ sich fallen, bewegte sich wie von selbst im Takt der Musik. Sie hätte die ganze Welt umarmen können. Andi strahlte sie an und sie wusste genau: Er mochte sie auch. Alles war auf einmal ganz einfach: Sie hatten keine Scheu mehr voreinander. Eng umschlungen genossen sie die langsamen Nummern und ein riesiges Glücksgefühl durchströmte Eve. Was vorher gewesen war und was später sein würde, war ganz gleichgültig – es zählten nur das Jetzt, die Musik und dass sie mit dem Jungen tanzte, in den sie verliebt war.

Nach Mitternacht merkte sie auf einmal, wie Andi unruhig wurde. Eve spürte, dass er zu zittern begann. Was war nur mit ihm los? Ein Gefühl der Angst kroch in ihr hoch. Sie deutete auf den Ausgang, Andi nickte und griff nach ihrer Hand.

»Was ist? Fehlt dir was?«, fragte Eve, als sie draußen waren.

»Ich hab das Gefühl, ich bekomme da drin keine Luft mehr. Ich muss mich wohl mal hinsetzen!«

Trinken! Er muss was trinken!, schoss es Eve durch den Kopf. Sie schnappte sich eine Flasche Mineralwasser und ging mit Andi ins Kellergeschoss. Wenn er sich eine Weile ausruhte und genug Flüssigkeit zu sich nahm, würde es ihm sicher wieder besser gehen. Dann würde auch keiner etwas merken. Doch Andi wurde immer bleicher und er schwitzte stark. Eve sah, wie sein Kiefer zu zucken begann.

Er stöhnte: »Tu was, Eve. Ich halt das nicht mehr aus!« All ihre Hochgefühle waren auf einmal wie weggeblasen. Da sah sie draußen auf dem Gang Herrn Thomas stehen. Sie stürzte auf ihn zu: »Andi geht's schlecht. Ich glaub, er muss ins Krankenhaus. Da hinten ist er!«

Herr Thomas folgte ihr und kniete sich neben Andi.

»Was ist los mit dir?«, fragte er besorgt.

»Die Pille, die mir Eve gegeben hat ...«, flüsterte Andi.

»Eh ... er hat ... Ecstasy genommen«, erklärte Eve zögernd.

»Und du womöglich auch?! – Okay, das erklärt ihr mir später. Jetzt müssen wir uns erst mal um diesen jungen Mann hier kümmern!«

Sie nahmen Andi in ihre Mitte und führten ihn auf den Parkplatz hinter dem Gemeindehaus. In dem Moment fuhr ein Wagen die

Auffahrt hoch. Eve erkannte den Kombi ihrer Eltern. »Moment mal! Dein Vater ist doch Arzt, oder?«, fragte Herr Thomas. Eve nickte matt.

»Bleib hier bei Andreas, ich sprech mit deinem Vater, der kann uns sicher helfen.«

»Aber ...«

»Keine Widerrede! Da musst du jetzt durch!«

Es ging alles sehr schnell. Dr. Kostar hatte über Handy seine Kollegen in der Notaufnahme verständigt. Die Ärzte und Schwestern verschwanden in rasender Eile mit Andi im Innern des Krankenhauses.

Eve und Herrn Thomas blieb nichts anderes übrig, als zu warten. Eve war ganz elend zumute. Sie saß neben Herrn Thomas. Der wollte jetzt alles ganz genau wissen. Eve fühlte sich ein wenig besser, als sie alles gebeichtet hatte.

»Und was passiert jetzt?«, fragte sie niedergeschlagen.

»Tja, hoffen und beten wir jetzt erst einmal, dass Andi wieder auf die Beine kommt. Zum Glück hast du ja relativ schnell gehandelt. Aber dir ist ja wohl klar, dass ihr bei dieser Sache nicht ungeschoren davonkommen werdet! Ich hoffe zwar, dass wir die Polizei da raushalten können; aber auf jeden Fall werde ich mit euren Eltern sprechen. Und eine zweite Faschings-Party im Gemeindehaus wird es nicht geben. Aus der Traum vom Paradies nach diesem Sündenfall. Die anderen werden darüber nicht begeistert sein.«

Er sah ihr in die Augen und fragte: »Menschenskind, Evelyn, war es das wirklich wert?«

Noch bevor Eve antworten konnte, sah sie ihren Vater den Gang herunterkommen.

»Wie geht es Andi, Papa?«

»Er hat noch mal Glück gehabt. Wir konnten seinen Kreislauf stabilisieren. Die Überhitzung des Körpers ist noch nicht zu weit fortgeschritten. Er bekommt jetzt Infusionen mit gekühlter Salzlösung. Morgen wird es ihm vermutlich wieder besser gehen und dann wird er gründlich untersucht. Er muss noch mindestens einen Tag zur Beobachtung hier bleiben. Zu Hause wirst du mir einiges erklären müssen, junge Dame.«

Herr Kostar reichte seiner Tochter das Handy und sagte: »Aber jetzt muss ich erst einmal Andis Mutter verständigen. Hast du die Telefonnummer von Lehmanns?« Eve nickte und tippte die Nummer ein. Dann verschwand er.

›Was wird jetzt nur werden?‹, fragte sich Eve verzweifelt. An das Gespräch mit ihrem Vater wollte sie gar nicht denken. Was würde sie jetzt dafür geben, wenn sie alles ungeschehen machen könnte! Sobald Sabina erfahren würde, dass sie nicht dichtgehalten hatte, war es mit ihrer Freundschaft wohl auch vorbei.

Eve zitterte. Sie fror in ihrem dünnen Kostüm und kam sich irgendwie nackt und schutzlos vor. Der Paradiesvogel, dachte sie bitter, war aus dem Nest gefallen. Da saß sie hier im fahlen Neonlicht des Krankenhausflurs, das wie strenge, unerbittliche Augen auf ihr lastete. Als Herr Thomas sah, dass Eve kalt war, zog er sein Jacket aus und hängte es um ihre Schultern. Sie blickte auf, brachte aber nicht mehr als ein leises »Danke!« heraus. Sie konnte die Stimmen in ihrem Kopf einfach nicht zum Schweigen bringen: Aus! Alles aus! Konnte es wirklich wahr sein: Hatte sie tatsächlich an nur einem Abend alles kaputt gemacht, was ihr wichtig war? Am schlimmsten für sie war der Gedanke an Andi.

Da gingen Adam und Eva die Augen auf und sie erkannten, dass sie nackt waren. Deshalb versteckten sie sich. Da erkannte Gott, dass sie von den verbotenen Früchten gegessen hatten. Und er vertrieb sie aus dem Garten Eden.

Was, wenn er jetzt nichts mehr von ihr wissen wollte? Schließlich war es ihre Schuld, dass er jetzt im Krankenhaus lag. Konnte er ihr das jemals verzeihen? Und – konnte sie sich jemals selbst vergeben, was sie getan hatte?

Die Sache mit dem Sündenfall

»Alles, was Spaß macht, ist verboten!«
So denken viele, wenn die Rede auf Gott und die Religion kommt. Einige behaupten sogar, Christen seien viele Dinge gerade deshalb nicht erlaubt, weil sie Spaß machten. Ist Gott nicht mehr als ein kleinkarierter Spielverderber, der unsinnige Regeln aufstellt, um die Menschen zu tyrannisieren? Diese Gedanken sind nicht neu. Schon die Schlange im Paradies hatte solche hinterlistigen Argumente parat, um Eva dazu zu bringen, die verbotenen Früchte im Garten Eden zu kosten. Die Schlange schürt Evas Zweifel an den Regeln, die Gott den Menschen gegeben hat. Verbote, so macht ihr die Schlange weis, sind nicht zum Schutz des Lebens da. Nein, sie sollen die Menschen klein halten, damit sie nicht selbst entscheiden können, was gut oder schlecht für sie ist. Das verführerische Argument der Schlange: Wer Grenzen überschreitet, kommt weiter, und wer sündigt, hat mehr vom Leben!

Was ist Sünde?
»Sünde« – dabei denken viele heute nur noch an ein Stück Torte zu viel. Die Werbung macht uns weis, dass das neue französische Cabrio »eine Sünde wert sei« – und will damit natürlich sagen, dass man es unbedingt haben muss. Macht Sünde das Leben wirklich erst richtig lebenswert?
Als Eva und Adam im Paradies »in Sünde fallen« und von dem Baum der Erkenntnis essen, zahlen sie für den kurzen Lustgewinn einen hohen Preis: Sie werden aus dem Garten Eden vertrieben. Das ist es, was »Sünde« in der Bibel eigentlich meint: aus eigener Schuld getrennt zu sein von Gott. Adam und Eva hatten die Wahl – und haben sich für das Falsche entschieden. Sie haben getan, wonach sie gelüstet hat: Regeln gebrochen, Verbote missachtet, alles ausprobiert. Aber am Ende ist der große Kick schnell vorbei; was bleibt, ist der tiefe Fall. Adam und Eva müssen aus Schaden klug werden und sind bis auf die Knochen bloßgestellt. Kein Wunder also, dass die beiden sich voreinander schämen lernen und versuchen, sich vor Gott zu verkriechen.

Jenseits von Eden

Adam und Eva haben das Paradies verspielt. Doch auch jenseits vom Garten Eden sind sie nicht von Gott verlassen. Er begleitet sie auf ihrem Weg in ein Leben, das jetzt kein Honigschlecken mehr ist, sondern Arbeit, Schweiß und Tränen bringt. Es gibt kein Zurück mehr – vor dem Tor zum Paradies steht jetzt der Engel mit dem Flammenschwert. Aber es gibt einen neuen Anfang für Adam und Eva – und Gott geht mit.

PARADISE-PARTY PART II

»Hallo Andi, da bist du ja wieder! Wo hast du denn die letzte Woche gesteckt?«
Auf dem Gang vor dem Klassenzimmer der 10a gab es ein großes Hallo. »Dir ist wohl die Paradise-Party nicht gut bekommen? Vielleicht 'ne Überdosis Mädchen, oder was?«, spottete Marc.
Andi holte zu einem angedeuteten Schlag aus und versuchte, möglichst cool zu bleiben. Erleichtert entnahm er den Worten seiner Klassenkameraden, dass sie den wahren Grund für seine Auszeit nicht kannten. Er wollte ihnen auf keinen Fall auf die Nase binden, dass es ein schwerer Kreislaufkollaps war, ausgelöst durch das Ecstasy, das er auf der Faschingsfete im Gemeindehaus geschluckt hatte. Dummerweise hatte er sich vor der Party zwei Cola-Rum genehmigt, um für das Rendezvous mit Eve an diesem Abend etwas lockerer zu werden. Die Mischung aus Koffein, Alkohol und Drogen war ihm äußerst schlecht bekommen. Erst nach mehreren Tagen war er aus dem Krankenhaus entlassen worden.
»Quatsch keinen Stuss! Ich muss irgendwas auf der Party schlecht vertragen haben, Allergieschock, was weiß ich. Und weil diese blöden Ärzte im Krankenhaus auch nicht genau herausgefunden haben, was los war, haben sie mich eben ein paar Tage eingebunkert – zur Beobachtung«, log Andi.
»So, so. Kann es sein, dass du auf die Braut aus der 8b allergisch bist, mit der du den ganzen Abend rumgemacht hast?«
»Ach, halt die Klappe, Kevin!«, blaffte Andi. Da sah er, wie Eve allein die Treppe heraufkam. Sie warf ihm einen überraschten Blick zu, schaute dann aber blitzschnell wieder zu Boden.
»Da drüben, das ist doch deine Party-Maus! Die ist wohl deswegen so verheult, weil du aus rein gesundheitlichen Gründen mit ihr Schluss gemacht hast, was?« Kevin ließ nicht locker.
Andi merkte, wie eine Mischung aus Scham und Wut allmählich in ihm hochkochte. Er war immer noch wahnsinnig enttäuscht darüber, dass Eve ihn nicht im Krankenhaus besucht hatte. Warum nur? Er hätte schwören können, dass es zwischen ihnen so richtig gefunkt hatte und dass das nicht nur an den Pillen lag. Dieses blöde Zeug! Wenn Eve

nicht dafür gesorgt hätte, dass er schnell ins Krankenhaus kam, hätte die Ecstasy-Geschichte übel ausgehen können. Andererseits war Eve es auch, die ihn überhaupt erst draufgebracht hatte. Andi fühlte einen ohnmächtigen Zorn in sich aufsteigen und wusste nicht, wem er galt: sich selbst, den Drogen, Eve?

Und dann musste er noch daran denken, dass diese ganze Sache ja auch ein Nachspiel haben würde. Herr Thomas hatte angekündigt, dass er auf einem Gespräch mit den »betroffenen Erziehungsberechtigten« bestehen müsse. Heute Abend wollten sie sich treffen: seine Mutter, Herr und Frau Kostar, Sabines Eltern und Herr Thomas. Andi fühlte sich bei dem Gedanken daran sehr unbehaglich. Er fragte sich, wie die Eltern der beiden Mädchen wohl reagiert hatten. Irgendwie musste er rausbekommen, was seither gelaufen war. Da fiel ihm Sabina ein. Richtig, sie war ja die beste Freundin von Eve! Bestimmt würde sie ihm sagen können, was mit Eve los war.

Nach der letzten Stunde flitzte er, so schnell er konnte, die Treppe hinunter, stellte sich neben die Ausgangstür und wartete. Er hatte Glück: Sabina gehörte zu den Ersten, die herunterkamen.

»Sabina, hey, wart doch mal!«, rief er und trat ihr in den Weg.

»Was gibt's?«, fragte sie in gedehntem Ton.

»Deine Eltern kommen heute Abend auch zu dem ... äh ... Gespräch mit Herrn Thomas?«

»Ja, stell dir vor! Und wer hat mir das eingebrockt? Du und Eve, die mich verpfiffen hat, die dumme Nuss! Mit der bin ich fertig, das sage ich dir. Meine Alten haben einen Riesenstress gemacht!« Sabina schnaubte aufgebracht. Plötzlich drehte sie sich abrupt mit dem Rücken zum Treppenhaus. Andi blickte auf und bemerkte, dass Eve die Treppe herunterkam.

»Stopp, Eve, ich muss mit dir reden!«, rief er ihr zu. Eve machte aber keine Anstalten, stehen zu bleiben. Im Gegenteil – sie tat so, als würde sie Andi nicht hören, und rannte davon.

»Zum Glück ist sie weg, deine Eve! Die ist ja so was von daneben, seit deine Mutter sie zur Schnecke gemacht hat«, schimpfte Sabina.

»Meine Mam hat – was?«, fragte Andi verwirrt.

139

»Sie hat Eve verboten, dich im Krankenhaus zu besuchen. Sie hat sogar den Schwestern Anweisung gegeben, Eve nicht in dein Zimmer reinzulassen. Hast du das nicht gewusst?«

So war das also! Jetzt wurde ihm einiges klar. Deshalb hatte er nichts von Eve gehört! Dann war die Sonnenblume, die eine Krankenschwester am zweiten Morgen im Krankenhaus neben sein Bett gestellt hatte, von Eve gewesen. Als er fragte, wer ihm Blumen schenkte, hatte die Schwester nur gelächelt und gesagt: »Das darf ich nicht verraten.«

So sehr Andi das Elterngespräch mit Herrn Thomas auch verwünschte, ein Gutes hatte es doch: Heute Abend würde er unbemerkt aus der Wohnung verschwinden können, wenn seine Mam weg war. Ungeduldig wartele er darauf, dass sie Anstalten machte zu gehen. Als sie endlich mit ihrem Golf um die Ecke bog, griff Andi nach seiner Jacke und spurtete mit großen Schritten zur Bushaltestelle. Im Bus legte er sich immer wieder zurecht, was er Eve sagen wollte. Doch als er dann vor der Haustür der Kostars stand, war es nicht Eve, die öffnete, sondern ein Junge, wahrscheinlich ihr Bruder.

»Hallo«, sagte Andi, »ist Eve da?«

»Nö, die ist im Gemeindehaus, beim Vorbereitungskreis für den Kindergottesdienst. Kannst ja dort mal schauen, ob du sie findest.«

Er kam gerade noch rechtzeitig, um drei Mädchen und zwei Jungs aus dem Gemeindehaus kommen zu sehen. Doch Eve war nicht unter ihnen. Ratlos blickte Andi um sich. Auf einmal stand Herr Lanzer, der Pfarrer, neben ihm und fragte freundlich:

»Suchst du jemanden?«

»Ja, Eve Kostar. War sie heute Abend nicht hier?«

»Doch, doch. Aber sie hat angeboten, die Liedblätter für morgen Abend in der Kirche zu verteilen. Dort kannst du sie finden.«

Richtig, drüben im Chor der Christuskirche brannte Licht. Langsam öffnete Andi die schwere Tür in den Kirchenraum. Eve sah er aber nirgends. Gelbe Blätter lagen auf den Kirchenbänken. Lautlos schlich Andi herein und warf einen Blick darauf. Ein Psalm war dort zu lesen:

Geborgen ist mein Leben in Gott.
Er hält mich in seinen Händen.

Manchmal habe ich große Angst.
Ich bin ganz allein.
Wer ist da, der mich tröstet?
Manchmal bin ich sehr traurig.
Oft weiß ich nicht einmal, warum.
Wer ist da, der mich in seinen Arm nimmt?

Geborgen ist mein Leben in Gott.
Er hält mich in seinen Händen.

Langsam und leise ging Andi durch den Mittelgang der Kirche nach vorn. Da sah er Eve. Sie saß ganz in sich zusammengekauert in der ersten Bankreihe, in der Hand eines der gelben Blätter. Sie flüsterte etwas leise vor sich hin. Andi spitzte die Ohren:

Manchmal habe ich das Gefühl,
dass niemand mich leiden mag.
Oft mag ich mich selbst nicht.
Wer ist da, der mich verstehen kann?
Manchmal bin ich feige.
Ich schweige, wenn ich reden sollte.
Ich rede, auch wenn ich schweigen sollte.

Mir fehlt oft der Mut, das Rechte zu tun.
Wer ist da, der mir hilft?

Andi hatte das Gefühl, dass er nicht länger zuhören durfte. Er räusperte sich und sagte leise: »Hallo, Eve. Sorry, ich wollte nicht lauschen.«

Eve sprang erschrocken auf.
»Bitte, nicht gleich wieder abhauen!«, bat Andi und ging auf sie zu.
Als er vor ihr stand, fragten beide zugleich: »Was machst du hier?«
Andi sah, dass Eve Tränen in den Augen hatte. Sie flüsterte: »Du zuerst!« Mehr konnte sie nicht herausbringen.
Andi holte tief Luft: »Ich hab dich gesucht, weil ich ... ich hab heute Morgen erst von Sabina gehört, dass meine Mam ..., dass sie dir verboten hat, mich zu besuchen ... ich ... war sauer auf dich, weil ich geglaubt hab, ich bin dir auf einmal egal ...«
Eve sah zu Boden und schwieg.
»Danke für die Sonnenblume ...«
Andi spürte, dass Worte nicht ausreichen. Zögernd ging er auf Eve zu und legte die Hand auf ihren Arm. Sie sah ihn an und er fühlte sich wie elektrisiert. Dann nahm er ihre Hand. Einige Zeit blieben sie so stehen und rührten sich nicht. Dann glitt ein Lächeln über Andis Gesicht und er sagte mit einem Augenzwinkern: »Du schuldest mir noch eine Antwort!«
»Auf welche Frage?«, fragte Eve verwirrt.
»Was du hier machst?!«

Eve wurde rot. Sie druckste herum. Schließlich fragte sie: »Kennst du Don Camillo? Wahrscheinlich nicht. Wer sieht sich schließlich schon alte Schwarz-Weiß-Filme an!«
»Der Priester, der sich immer mit dem Bürgermeister streitet? Und ob ich den kenne – meine Mutter liebt diese ollen Schinken und

142

hat sie alle auf Video. Immer wieder zieht sie sich die Dinger rein – naja, eigentlich sind sie auch gar nicht so übel«, erwiderte Andi.

»Findest du echt?« Eves Miene hellte sich auf. »Am besten hat mir immer gefallen, wie Don Camillo mit dem Jesus am Altarkreuz in seiner Kirche gesprochen hat. Und wie ich jetzt das Gebet auf dem Zettel vor mich hin gelesen habe, da kam ich mir vor wie Don Camillo – als ob ich auch mit dem Jesus am Kreuz reden würde. Ich glaube, ich bin ein bisschen daneben, was?«

»Nein, finde ich gar nicht!«, widersprach Andi und freute sich, dass Eve nicht mehr ganz so niedergeschlagen war.

»Aber weißt du, wenn ich dran denke, was unsere Eltern mit dem Herrn Thomas gegen uns aushecken, dann wird's mir ganz schlecht!«

Andi fuhr der Schreck in die Glieder. »Mann, daran habe ich ja gar nicht mehr gedacht! Ich muss ganz schnell nach Hause, Eve. Meine Mam weiß nicht, dass ich hier bin. Hast du eine E-Mail-Adresse?«

Eve holte schnell einen Zettel und kritzelte die Adresse auf das Papier. Sie begleitete ihn zur Bushaltestelle. Als der Wagen kam, konnte er sich nicht von ihr trennen.

»Wird's bald, Romeo?«, rief der Fahrer und lachte.

Als Frau Lehmann von dem Gespräch bei Herrn Thomas und den Eltern von Eve und Sabina zurückkam, saß Andi vor dem Computer, und seine Finger flogen nur so über die Tasten, im trauten Zwiegespräch mit »Donna Camilla«. Es klopfte an der Tür und Frau Lehmann kam herein.

»Und?«, fragte er. »Was hat das hohe Gericht beschlossen?«

»Ach, Andi, lass doch die blöden Witze!« Frau Lehmann setzte sich auf sein Bett.

»Zum Glück wird es zu keiner Anzeige bei der Polizei kommen. Allerdings waren wir uns einig, dass das nicht einfach so erledigt sein kann. Herr Thomas hat da einen guten Vorschlag gemacht. Er meint, ihr sollt euch die nächsten sechs Wochen in der Teestube der Drogenberatung nützlich machen – ohne Bezahlung, versteht sich.«

»Und wie ist das mit Eve? Hebst du jetzt ihre Kontaktsperre auf?« Diese Frage interessierte Andi am meisten.

143

»Was, hat die kleine Kostar sich etwa doch an dich herangemacht, obwohl ich es ihr verboten habe?«, rief seine Mutter aufgebracht.

»Eve ist unschuldig!«, versuchte Andi sie zu bremsen. »Ich war heute Abend bei ihr und ich finde das echt bescheuert von dir, dass du dich da eingemischt hast. So, und jetzt reg dich auf, wenn du willst, aber das ist mir dann egal.«

Andis Mutter erschrak und brauchte eine Weile, bis sie sich gefasst hatte. Dann versuchte sie zu lächeln: »Andi, wenn ihr zusammen in der Teestube arbeitet, kann ich nicht verhindern, dass ihr euch trefft – und ich glaube, ich will das auch gar nicht.«

»Weißt du, dass Eve total fertig war wegen dir, Mam? Das hat sie nicht verdient. Ich geb ja zu, sie hat Mist gebaut, aber auch nicht mehr und nicht weniger als ich.«

Andis Mutter seufzte: »Ich war einfach völlig durcheinander, als ich gehört habe, dass du im Krankenhaus liegst. Es war vielleicht nicht richtig von mir, meinen Ärger an Eve auszulassen.«

Andi blieb hartnäckig: »Und? Was wird jetzt weiter?«

»Oh Mann, ich kapituliere! Bring sie doch morgen zum Abendessen mit. Dann sage ich ihr, dass ich wohl damals überreagiert habe, was euch zwei betrifft. Meinst du, sie kommt?«

Ich hätte nie gedacht,
dass du das schaffst, Gott,
dass du den ganzen Mist,
den ich gebaut habe,
dazu gebrauchen kannst,
dass wunderschöne Rosen wachsen –
ein kleines Stückchen Garten Eden,
ganz unverdient.
Danke, Gott!

Verbotene Früchte

»Die beste Art, mit Versuchungen fertig zu werden, ist, ihnen nachzugeben« – das war jedenfalls die Meinung von Oscar Wilde, einem britischen Dichter. Also ich sehe das so:

146

147

Mut-Anfall
zum Frieden

Krieg ist schrecklich!
Immer wieder diese schlimmen Bilder im Fernsehen!
Weshalb können erwachsene Menschen nicht friedlich
miteinander leben? Find ich unmöglich!

Noch schlimmer sind die Religionskriege!
Ob einer dem anderen Allahs Namen,
im Namen des Gottes von Abraham oder in
Jesu Namen den Schädel einschlägt –
das Ergebnis bleibt das gleiche.
Find ich unmöglich!

Und dann noch die Kleinkriege und Grabenkämpfe
unter Christen, zwischen den Konfessionen.
Glauben die nicht alle an Gott?
Gehören sie nicht alle zu Jesus?
Nennen sich Christen und dreschen aufeinander ein –
mit Worten und mit Waffen!
Find ich unmöglich!

Ach übrigens, du kennst doch
den Sven von gegenüber?!
Wenn der noch einmal solche Lügengeschichten
über mich erzählt, dann bring ich ihn um!
Auf der Stelle! Der ist unmöglich!

ALTES BROT UND KALTE WUT

Wenn Marcus mich ärgern will, nennt er mich nicht »Claudia«, sondern »Ericia«, das heißt Igelin. Ich muss zugeben, damit hat er hat nicht ganz Unrecht. Wenn ich auf jemanden eine Wut habe, dann lass ich den meine Stacheln spüren – meine Igelstacheln, die schärfer sind als ein Schwert. Und mit meiner Wut auf unseren Gemeindevorsteher Livius, da hatte ich Recht. Das war wirklich das Letzte, was der mit mir gemacht hat. Alle Schimpfwörter der Welt reichen nicht aus für diesen Livius! Öffentlich möchte ich den »elender Heuchler« nennen und »gemeiner Lügner« und »Mörder« und das wäre noch längst nicht alles. Ich könnte ihn in der Luft zerreißen, den Löwen zum Fraß vorwerfen. Ich wünsche ihm, dass er vom Hass aller Menschen zerfressen werden soll. Ganz allein soll er dastehen und um Gnade betteln. Und dann würde ich ihn in den Staub stoßen und schreien: »Keine Gnade für dieses miese Schwein!«

Aber ich will die Geschichte von Anfang an erzählen:

Seit ein paar Jahren gehören wir zur Christengemeinde in Rom. Meine Familie und ich, wir haben uns taufen lassen. Wir feiern unsere Gottesdienste in den Häusern von uns Christen, mal bei dem einen, mal bei dem anderen. Als der Apostel aus Jerusalem zu Besuch da war, haben wir den Gottesdienst in unserem Haus gehalten, denn unser Speisezimmer ist das größte. So ein Apostel ist ein gern gesehener Gast, der hat Jesus noch persönlich gekannt. Der kann was erzählen. Aber für mich war bei diesem Gottesdienst ein anderer Gast wichtig – Marcus. Marcus ist so alt wie ich. Wir kennen uns schon ziemlich lange, aber erst seit ein paar Monaten ist mir klar, wie gut ich mich mit Marcus verstehe …

An dem Tag, an dem der Apostel kam, musste ich das Brot für das Abendmahl beim Bäcker abholen. Ich war spät dran, hab gleich einen Korb voll Brot geschnappt, bezahlt und bin damit zu unserem Haus gerannt. Die ersten Gäste waren schon da und ich finde einen Platz genau neben Marcus. Ob der den Platz frei gehalten hat für mich? Von der Predigt habe ich nicht viel mitbekommen, ich habe nur an Marcus gedacht …

Und dann kam die Katastrophe. Der Gemeindevorsteher Livius ließ sich den Korb mit den Broten bringen. Er nahm eines, brach es in Stücke und stutzte. Ich merkte es sofort, wie er das Brot brechen wollte: Es war zäh wie Leder. Noch ließ Livius sich nichts anmerken. Aber nach dem Gottesdienst brach die Welt für mich zusammen. Öffentlich vor allen Leuten sagte Livius: »Claudia hat das Brot besorgt, das alte Brot, das nur noch für die Hühner taugt. Ich weiß nicht, was in Claudia gefahren ist. Früher konnte man sich auf sie verlassen. Sie wird das Billigbrot gekauft und das gesparte Geld in die eigene Tasche gesteckt haben, die kleine Betrügerin.«

Das saß! Ihr könnt euch vorstellen, dass ich keines dieser Worte jemals vergessen kann. Sie trafen mich wie Pfeile und Speere: »Claudia, auf die man sich früher verlassen konnte« – »Claudia, die kleine Betrügerin!« Ich bin aufgestanden und rausgerannt. Dabei bin ich gestolpert – ausgerechnet an Marcus musste ich mich festhalten! Dann bin ich die halbe Nacht durch die große Stadt gerannt, gerannt und gerannt. Um Mitternacht hat mich mein Vater aufgegabelt. Und was tut er? Ihm fällt nichts Besseres ein, als mich anzuherrschen, ich sei ihm eine Erklärung schuldig. Da hab ich nur gebrüllt: »Ihr wollt doch alle nur das eine hören, oder? Also schön, dann hör gut zu: Ich bin eine Betrügerin, auf mich kann man sich nicht verlassen!«

Von da an habe ich beschlossen, kein Wort mehr zu reden. Und wenn ich mir was in den Kopf setzte, dann tu ich das auch. Ich hab mich sonst nicht schlecht benommen, gearbeitet wie immer, ich hab getan, was man mir gesagt hat. Aber ich habe mit niemandem auch nur ein Wort geredet. Dafür sind in meinem Kopf die Worte nur noch so hin- und hergeflogen. Ich hab's euch ja schon erzählt, was ich alles gedacht habe über den sauberen Herrn Livius, unseren Gemeindevorsteher. Und ich hab euch nur die harmlosesten Worte gesagt, die anderen könnt ihr euch ja selber dazudenken ...

Am nächsten Sonntag war wieder Gottesdienst, diesmal bei einer anderen Familie. Wie ich da ins Zimmer gekommen bin, hab ich regelrecht gespürt, dass alle Blicke auf mich gerichtet waren. Ich hab mich ganz klein gemacht und mich neben meinen

Eltern zusammengekauert. Den ganzen Gottesdienst über hab ich nicht aufgeschaut. Nur eins habe ich gesehen: dass der Platz neben Marcus frei war. Zufall – oder hat er ihn frei gehalten?

Und dann erzählte der Apostel von Jesus, seine wichtigsten Worte. Ich konnte nicht besonders gut zuhören. Ein Gedanke aber hat mich getroffen. Jesus soll irgendwie gesagt haben, dass man auch mit Worten jemanden töten kann. Wie Recht der hat! Ich war schon halb tot, wenigstens wollte ich nicht mehr leben, ermordet von den Worten von diesem Livius. Und dann hat Jesus noch was gesagt, das hab ich wörtlich behalten, weil's so verrückt ist, so irre. Er soll gesagt haben: »Liebt eure Feinde und bittet für die, die euch verfolgen.«

Mir ist gleich Livius eingefallen, was ich für den beten möchte. Aber was Gutes ist mir da nicht eingefallen. Dass ich ihm Krankheiten an den Hals wünsche und grauenhafte Schmerzen, und dass er mal das durchmachen muss, was er mir angetan hat – das habe ich für ihn gebetet und noch viel mehr, aber das sag ich besser nicht.

Am Nachmittag ist dann alles noch schlimmer geworden. Ich war so voller Wut, dass ich gar nicht mehr reden konnte, selbst wenn ich es gewollt hätte. Das Schweigen hat mich umgeben wie die dunkle Nacht, ich hab mich gefühlt, als ob ich in eine schwarze Höhle eingemauert wäre. Ich hab nur noch Hass und Verzweiflung gespürt. Und weil niemand da war, an dem ich meine Wut hätte auslassen können, hätte ich mich am liebsten selbst gebissen und geschlagen. Ich hab mir gewünscht, ich wäre tot, und noch als Tote würde ich so laut aus meinem Grab heraus schreien, dass es alle Welt hört: »Du, Livius, bist schuld, du hast mich umgebracht!«

Fortsetzung folgt …

… und wie soll sie aussehen?
Als Geschichtenschreiber hat man das ja in der Hand. Soll ich ein Happy End erfinden? Oder soll die ganze Geschichte ein böses Ende nehmen?
Schwierige Entscheidung!
Ein Happy End ist schön. Das liest man gerne. Aber es ist oft zu schön, um wahr zu sein.
Ein böses Ende? Geschichten wie die von Claudia gehen manchmal gar nicht gut aus. Aber wenn so eine Geschichte böse endet, dann trifft einen das wie ein Schlag.
Ich kann mich nicht entscheiden.
Deshalb habe ich nicht nur eine, sondern mehrere Fortsetzungen der Geschichte geschrieben.
Das ist die erste:

Ich, Livius, Gemeindevorsteher, ich bekomme als Erster das Wort und soll erzählen, wie die Geschichte mit Claudia weitergegangen ist. Und ich sage es gleich offen und ehrlich: Es ist keine rühmliche Geschichte, die ich da erzählen muss.
Aber was soll ich tun? Claudia behandelt mich seit jenen Ereignissen wie Luft. Sie redet, glaube ich, überhaupt mit niemandem mehr ein Wort – nicht einmal mehr mit Marcus, der sich so für sie eingesetzt hat. Marcus war am Sonntag gleich nach dem Gottesdienst beim Apostel, der die Predigt gehalten hat. Marcus hat es mir sofort erzählt. Er bat den Apostel, er solle ihm das Wort von Jesus noch einmal erklären, das Wort: »Liebt eure Feinde und bittet für die, die euch verfolgen.« Marcus kam mit einer Schauergeschichte: »Stell dir vor, einer ersticht meine Mutter. Soll mein Vater den Mörder lieben, der seine Frau umgebracht hat?« Der Apostel blieb natürlich felsenfest bei dem Wort Christi: »Ja, er soll auch den Mörder seiner Frau lieben. Denn – so hat Jesus seine Lehre begründet: Gott lässt seine Sonne scheinen über Gute und Böse.«
Ich will ja nicht behaupten, dass ich, weil ich Gemeindevorsteher bin, immer im Recht bin, auch nicht, weil ich der Ältere bin. Aber ich habe meine Lebenserfahrung, und ich glaube, von so einem jugendlichen Heißsporn muss ich mir nicht alles bieten lassen. Das, was Marcus mir

152

dann am Sonntagnachmittag zugemutet hat, ging wirklich zu weit. Er kam zusammen mit Claudia zu mir. Claudia sagte kein Wort. Marcus hingegen redete wie ein Wasserfall. Er sagte, ich sei Claudias Feind, weil ich sie zu Unrecht öffentlich beleidigt hätte. Mit Worten hätte ich sie getötet. So ein Unsinn – schließlich stand sie ganz lebendig neben Marcus. Er sagte, die Sache mit dem Brot sei eine Verwechslung gewesen, Claudia sei unschuldig. Und weil man ja seine Feinde lieben solle, sei Claudia bereit, mir zu verzeihen, wenn ich mich öffentlich entschuldige.

Die haben die Worte von Jesus doch wirklich gerade so hingebogen, wie es ihnen in den Kram gepasst hat! Mag ja sein, dass das mit dem Brot eine Verwechslung war. Mag ja sein, dass ich damals im Gottesdienst ein bisschen zu hart reagiert habe. War ja aber auch eine Katastrophe, ein Heiliges Abendmahl mit ungenießbarem Brot! Aber dass diese zwei Grünschnäbel – eigentlich sind es doch fast noch Kinder! – sich so aufspielen, das muss ich mir als Gemeindevorsteher nicht gefallen lassen. Den Vorwurf, ich hätte Claudia mit Worten ermordet, den weise ich mit aller Entschiedenheit zurück. Ich habe versucht, freundlich mit den beiden zu reden. Meine Frau hat sogar Saft und Kuchen gebracht.

Inzwischen bin ich zu der Überzeugung gelangt, dass dieser ganze Zwischenfall in zwei, drei Monaten vergessen ist. Da wäre es ganz verkehrt, wenn man die Angelegenheit noch einmal hochkochen lässt. Ich als Gemeindevorsteher kann mich doch nicht wegen so einer Lappalie im Gottesdienst vor der ganzen Gemeinde entschuldigen! Wo blieben denn dann meine Autorität und der Respekt vor meinem Amt? Deshalb war mein Vorschlag: »Am besten vergessen wir die Sache – Schwamm drüber!« Keine Handbreit haben die zwei nachgegeben. Marcus hat seine Forderungen gestellt – darauf konnte ich unmöglich eingehen. Das Leben zwingt uns manchmal dazu, nein sagen zu müssen – auch wenn man sich damit keine Freunde macht.

Wie gesagt, Claudia redet kein Wort mehr mit mir. Ich glaube, sie ist auch nicht mehr mit Marcus zusammen. Ich sehe sie nur noch allein.

Natürlich könnte die Fortsetzung auch anders aussehen.
Vielleicht erfahren wir ja nie, wie die Geschichte wirklich ausgegangen ist.
Das Einzige, was wir noch lesen können, ist ein Brief von Claudias Vater an seine Tochter:

Liebe Claudia,
deine Mutter und ich, wir machen uns große Sorgen um dich. Seit dem Zwischenfall im Gottesdienst redest du kein Wort mehr. Du läufst stumm durch den Tag, tust deine Arbeit wie eine Schlafwandlerin und dein Blick wird immer finsterer. Jeder Blick von dir trifft uns und macht uns noch trauriger. Wenn du schon nicht auf uns hörst, vielleicht liest du wenigstens diesen Brief. Wir hoffen es so sehr! Ich will nichts unversucht lassen.
Ich verstehe ja, dass das unerträglich schlimm war, wie Livius dich öffentlich niedergemacht hat. Und ich gebe zu, ich schäme mich dafür, dass ich zunächst geglaubt habe, du hättest wirklich mit dem Brot ein krummes Ding gedreht. Du weißt ja, in letzter Zeit war es nicht immer leicht, mit dir zu reden. Wenn ich etwas gesagt habe, bist du immer gleich so zornig geworden. Wenn ich irgendwas Kritisches gesagt habe, bist du aus dem Zimmer gestürmt. Aber das war alles nicht schlimm. Unerträglich ist, dass du jetzt gar kein Wort mehr mit uns redest. Damals, an diesem unglückseligen Sonntag, hast du das letzte Wort zu mir gesagt. Du bist aus dem Gottesdienst gerannt und bis zum Abend nicht nach Hause gekommen. Vor Sorge ganz verzweifelt, hab ich dich dann in der ganzen Stadt gesucht. Stundenlang bin ich durch die Gassen gerannt. Ich war so glücklich, als ich dich endlich gefunden hatte. Am liebsten hätte ich dich in den Arm genommen. Aber du warst so weit weg, irgendwie. Das hat mich total aus der Fassung gebracht. Und da ist mir dieser dumme Satz entwischt, den ich besser wieder hinuntergeschluckt hätte: »Du bist mir eine Erklärung schuldig!« Warum, Claudia, hast du auch alles zugegeben? »Ich bin eine Betrügerin, auf mich kann man sich nicht verlassen!«, hast du geschrien. Das waren deine letzten Worte an mich. Seitdem hast du nichts mehr gesagt. Claudia, glaub mir doch, dass ich dir das niemals zugetraut habe! Du bist keine

Betrügerin. Aber – ich muss zugeben, ganz sicher war ich meiner Sache nicht. Zumindest ein bisschen habe ich an dir gezweifelt – und dafür schäme ich mich jetzt. Claudia, es tut mir Leid, dass es diese Zweifel gab, das musst du mir glauben!

Wie kommen wir da jetzt bloß wieder raus, aus diesem schrecklichen Schweigen? Mutter und ich, wir reden kaum noch miteinander. Was sollen wir auch noch groß sagen? Wir wissen nicht mehr weiter. Dein Schweigen steckt an.

Ich weiß, Livius hat dir Bitterböses angetan. Ich verstehe deine Wut. Und ich habe große Angst, dass auch ich in deinen Augen zu einem Feind geworden bin.

Jesus hat doch gesagt: »Liebt eure Feinde!« Ich weiß, ich sollte dir jetzt nicht mit frommen Sprüchen kommen. Aber was soll ich sonst tun? »Liebt eure Feinde!«, hat Jesus gesagt. Marcus hat alles versucht, um Versöhnung zu stiften zwischen Livius und dir. Marcus hat das nicht nur wegen Jesus getan, sondern auch wegen dir. Meinst du nicht auch?

Livius hat wirklich versucht, über seinen Schatten zu springen. Es ist doch nicht leicht für einen 60-jährigen Gemeindevorsteher, ein junges Mädchen um Verzeihung zu bitten! Und im nächsten Gottesdienst will er sich öffentlich bei dir entschuldigen. Dass ihn das viel Überwindung kostet, kannst du mir glauben. Das kratzt an seiner Autorität.

Er hat dir die Hand zur Versöhnung ausgestreckt und du hast sie nicht angenommen. Irgendwie kann ich es verstehen und irgendwie bewundere ich dich. Du bist stark. Du lässt dich nicht einwickeln. »Der schleimt sich bei mir nicht ein!«, würdest du in deinen Worten sagen.

Aber, Claudia, du kommst aus deinem Loch nicht raus, du gerätst immer tiefer hinunter in den Abgrund von Hass und Schweigen! Versteh das bitte nicht als Vorwurf: Aber du ziehst uns mit hinunter!

Ist es denn absolut unmöglich, seinen Feind

155

zu lieben? Ich weiß, es ist wirklich unendlich schwer. Aber es ist doch vielleicht überhaupt die einzige Rettung!
Claudia, wenn wir irgendetwas tun können, um dir zu helfen, dann sag nur ein einziges Wort ...

Dein Vater

Vielleicht hat die Geschichte auch ein Happyend gefunden.
Claudia allein hat das Recht, dies zu erzählen:

Marcus hat den Satz in der Predigt mit den bösen Worten, die töten können, auch so verstanden wie ich und hat gleich an mich gedacht. Weil ... er wusste ja, dass ich bei der Sache mit dem Brot unschuldig war, oder besser: Er hat mir das nicht zugetraut. Marcus hat messerscharf geschlossen, dass die bösen Worte von Livius mich kaputt machen. Konnte ja auch jeder sehen, der die Augen offen hat. Deshalb hat Marcus beschlossen, den Livius fertig zu machen – und hatte schon einen ganz festen Plan. Den erzähl ich euch nicht, der ist ihm nämlich jetzt peinlich. Und dann kam der Satz in der Predigt mit »Liebt eure Feinde!«. Dieser Satz hat meinen guten Marcus aus dem Konzept gebracht. Er ist dann noch einmal zum Apostel gegangen und hat ihn gefragt: »Warum? Warum sollen wir ausgerechnet die Feinde lieben?« Und der hat ganz einfach gesagt: »Weil Gott auch die Sonne über deinem Feind aufgehen lässt, deshalb.«
Also hat sich Marcus auf den Weg gemacht, spät am Sonntagnachmittag, und ist zu Livius gegangen. Unterwegs hat er sich immer wieder gesagt: »Wenn Gott den Livius liebt, dann darf ich ihm nicht die Gurgel umdrehen!« Ist der nicht stark, der Marcus! Das erste harte Stück Arbeit war, Livius davon zu überzeugen, dass er Mist gebaut hat. Bring das mal einem Erwachsenen bei, dass er im Unrecht ist! Zu zweit sind sie zum Bäcker gegangen und haben den als Zeugen vernommen. Der Bäckermeister hat bestätigt, dass ich den falschen Korb erwischt habe, unabsichtlich.
Dann kam das zweite Stück harte Arbeit, denn nun musste ich versöhnt werden. Das war noch schwerer, als den Livius zu der Einsicht zu bringen, dass er Mist gebaut

hat. Denn ihr wisst ja, ich bin Ericia – die Igelin, die ihre Stacheln ausfährt!

Livius hat echt versucht, alles wieder gut zu machen und sich zu entschuldigen. Ich habe ihn abblitzen lassen, erbarmungslos. Dass der nicht 'ne Wut gekriegt hat und gesagt hat: »Diese junge Schnepfe kann mir gestohlen bleiben!« – das ist echt ein Wunder. Marcus hat sich alle Mühe gegeben. Immer wieder hat er mit Livius geredet und dann versucht, mit mir zu reden. Und ich? Ich hab geschwiegen.

Irgendwann bin ich dann doch weich geworden. Ich weiß nicht, war's wegen Livius, weil er so niedergeschlagen war, oder wegen Marcus, weil der ganz verzweifelt war, oder wegen Jesus, weil er doch gesagt hat, dass Gott alle liebt, mich genauso wie meine Feinde, und dass Gott die Sonne scheinen lässt über mir und über denen, die ich am liebsten im Regen stehen lassen würde. Zum Schluss haben wir alle geweint, ich und Livius auch, und der Marcus, aber den habe ich dann gleich getröstet, denn sonst hätte ich noch mehr weinen müssen.

Aus der Bergpredigt

»Ihr wisst, dass unseren Vorfahren gesagt worden ist: ›Du sollst nicht morden! Wer einen Mord begeht, soll vor Gericht gestellt werden.‹

Ich aber sage euch: Schon wer auf seinen Bruder oder seine Schwester zornig ist, gehört vor Gericht. Wer zu seinem Bruder oder zu seiner Schwester sagt: ›Du Idiot‹, gehört vor das oberste Gericht. Und wer zu seinem Bruder oder seiner Schwester sagt: ›Geh zum Teufel‹, gehört ins Feuer der Hölle.

Ihr wisst, dass es heißt: ›Auge um Auge, Zahn um Zahn.‹

Ich aber sage euch: Verzichtet auf Gegenwehr, wenn euch jemand Böses tut! Mehr noch: Wenn dich jemand auf die rechte Backe schlägt, dann halte auch die linke hin. Wenn jemand mit dir um dein Hemd prozessieren will, dann gib ihm auch den Mantel dazu. Und wenn dich jemand zwingt, eine Meile mit ihm zu gehen, dann geh mit ihm zwei. Wenn dich jemand um etwas bittet, gib es ihm; wenn jemand etwas von dir borgen möchte, sage nicht nein.

Ihr wisst, dass es heißt: ›Liebe deinen Mitmenschen; hasse deinen Feind.‹

Ich aber sage euch: Liebt eure Feinde und betet für alle, die euch verfolgen. So erweist ihr euch als Kinder eures Vaters im Himmel. Denn er lässt seine Sonne scheinen auf böse Menschen wie auf gute, und er lässt es regnen auf alle, ob sie ihn ehren oder verachten.«   [Matthäus 5,21-22.38–45]

Die Sache mit der Feindesliebe

»Auge um Auge, Zahn um Zahn«

Das Wort »Auge um Auge, Zahn um Zahn« steht tatsächlich so in der Bibel (3. Mose/Levitikus 24,19). Aber es ist in Wirklichkeit kein Befehl zum massiven Gegenschlag! Dieses Bibelwort will eigentlich ausufernde Gewalt und übermäßige Rachegelüste verhindern.

Ebenso steht im Alten Testament: »Räche dich nicht an deinem Mitmenschen und trage niemandem etwas nach. Liebe deinen Mitmenschen wie dich selbst. Ich bin der Herr!« (3.Mose/Levitikus 19,18)

Gute und Böse – wie geht das zusammen?

Jesus sagt deshalb in der Bergpredigt: »Ihr sollt auf Böses nicht böse reagieren.« »Ihr sollt auf Böses bewusst mit Güte antworten!«

Damit waren einige seiner Zeitgenossen ganz und gar nicht einverstanden. Sie sagten: Gott hasst die Sünder und Frevler. Wer von Gott gehasst wird, den sollen auch die Frommen hassen!

Doch dem widerspricht Jesus: Gott ist anders! Gott ist gut, er ist die Güte! Gottes Macht zeigt sich in seiner Treue, Zuneigung und Liebe. Deshalb setzt er sich nicht lieblos und mit Gewalt gegen den Menschen durch. Deshalb kann und wird er nicht einfach jene zerstören, die heute noch andere trauern lassen, und deshalb kann und wird er nicht einfach jene aus der Welt schaffen, die Unrecht tun.

Friede – nur was für Feiglinge?

Friede ist zwar eine Gabe Gottes, aber er legt sie in die Hände der Menschen. Deshalb fordert uns Jesus auf, aktiv Frieden zu schaffen.

Das heißt nicht, dass wir uns alles gefallen lassen müssen, was uns andere antun. Auch »die rechte Backe hinzuhalten« meint nicht, dass wir passiv alles erdulden sollen. Es geht darum, den anderen zu verblüffen, so zu reagieren, wie er es nicht erwartet hat.

Wer nicht gleich blind zurückschlägt, kann mit der Fantasie der Liebe und dem Realismus der »kleinen Schritte« antworten. Nur in solchen kleinen Schritten können wir das Freund-Feind-Denken aufbrechen und nach vertrauensbildenden Maßnahmen suchen. Gott macht es auch so: Er lässt die Sonne aufgehen über Böse und Gute, lässt es regnen über Gerechte und Ungerechte.

Von Feindbildern befreit

Jesus weiß: Was wir Menschen brauchen, um gut zu sein, sind nicht immer neue Gesetze, sondern ist innere Freiheit. Feindesliebe bedeutet, dass wir uns nicht in die Feindschaft hineinziehen lassen. Wenn mich jemand als Feind bekämpft und ich ebenfalls feindlich reagiere, hat es der andere geschafft: Er hat mich auf Feindschaft festgelegt. So habe ich die Freiheit des Handelns verloren – der andere bestimmt, was ich denke und tue.

Wenn ich stattdessen versuche, meinen Feind zu verstehen, ihn als Mensch mit all seinen Schwächen zu sehen, dann bedeutet das für mich innere Freiheit von allen Feindbildern.

> ## Selig sind,
> die da geistlich arm sind; denn ihrer ist das Himmelreich.
> Selig sind, die da Leid tragen; denn sie sollen getröstet werden.
> Selig sind die Sanftmütigen; denn sie werden das Erdreich besitzen.
> Selig sind, die hungert und dürstet nach der Gerechtigkeit; denn sie sollen satt werden.
> Selig sind die Barmherzigen; denn sie werden Barmherzigkeit erlangen.
> Selig sind, die reinen Herzens sind; denn sie werden Gott schauen.
> Selig sind die Friedfertigen; denn sie werden Gottes Kinder heißen.
> Selig sind, die um der Gerechtigkeit willen verfolgt werden; denn ihrer ist das Himmelreich. [Matthäus 5,3–10]

Schülerinnen und Schüler haben aufgeschrieben:

Versöhnung und Frieden ist ...
... wie ein neuer Anfang.
... wie frische Blüten an einem verdorrten Baum.
... wie Geburtstag und Weihnachten an einem Tag.
... wie eine Eins in der Mathearbeit.
... wie neu geboren werden.
... wie neue Freunde gewinnen.
... wie wenn ein riesiger Stein vom Herzen fällt.
... wie eine neue Chance – für uns beide.
... wie wenn wir es noch mal miteinander versuchen.
... wie ausruhen nach einem anstrengenden Tag.
... wie die Ruhe nach einem Sturm.
... wie zufrieden und ausgeschlafen sein.
... wie wunschlos glücklich sein.
... wie mit allen Menschen klar kommen.
... wie keine Hassgefühle haben.
... wie wenn mich ein Mensch versteht.
... wie eine gläserne Vase: sehr zerbrechlich!
... wie das kostbarste Gut auf der Welt.

Der tägliche Mutanfall

Was ich dir auf keinen Fall wünsche?
Ein Leben ohne Konflikte und Streit.
Aber einen täglichen Mut-Anfall,
den wünsch ich dir:
Dass du beim Namen nennst,
was nicht stimmt,
dass du den Streit suchst,
wenn er zum Frieden beiträgt,
dass du mit Argumenten »zuschlägst«,
nicht mit Beschimpfungen.
Dass du die Geduld nicht verlierst,
wenn einer zum fünften Mal bittet:
»Verzeihst du mir?«,
dass du dir ein dickes Fell und eine
dünne Haut zugleich bewahrst,
dass du lachen kannst,
auch über dich selbst.
Dass du nicht ständig aufrechnest,
sondern die Hand zur Versöhnung
ausstreckst, auch wenn dir eine Stimme
ins Ohr flüstert:
»Soll doch der andere zuerst.
Der hat doch angefangen!«
Verblüffe alle und sei unberechenbar:
Tu das Gute und stifte Frieden!

Mut-Anfall zum Frieden

Frieden und Versöhnung – das ist für mich wie ...

▸ 162

Passion
heißt Leidenschaft

Mit Unterschriftenaktionen fordert sie das Verbot des Walfangs. Sie baut mit Freunden Fangzäune für Frösche an viel befahrenen Straßen und liebt ihren Promenadenmischling Hasso tierisch! Petra M. setzt sich leidenschaftlich für Tiere ein, weil sie Tiere liebt und schrecklich wütend wird darüber, was Menschen Tieren antun.

»Menschen können unmenschlich sein und aus der Rolle fallen«, sagt sie energisch, »aber zeigen Sie mir mal ein Tier, das ›untierisch‹ ist!«

Für den leidenschaftlichen Fußballfan Thomas P. besteht sein Lieblingsverein aus mehr als einem Kader kurzbehoster Erwachsener, die wie Kinder hinter einem Ball herrennen. Er leidet mit seinem Verein nach Niederlagen. Er zittert mit seiner Mannschaft vor schweren Spielen. Er feiert mit seinem Club jeden Sieg – leidenschaftlich!

Aus Liebe und Leidenschaft

Die Liebe zu einem Menschen macht mich glücklich und verletzbar.
Leidenschaftliche Liebe, die nicht erwidert wird oder zerbricht, tut weh, schafft Leiden. Die Liebe für Gerechtigkeit reißt mich aus der Gleichgültigkeit, die alles nur geschehen lässt, und öffnet mir die Augen dafür, wie ungerecht es oft zugeht in der Welt.

Liebe, Leidenschaft und Leiden

Wer dem Leiden aus dem Weg gehen will, darf sich nie verlieben.
Wer Leidenschaft nicht kennt, hat keine Ahnung von Liebe.
Wer nicht weiß, dass Liebe auch weh tun kann, hat ihre Tiefendimension noch nicht gespürt.

Die Sache mit der Passion

Ein Kreuzweg der Liebe

Passion – dieses Wort steht nicht nur für die leidenschaftliche Hingabe, die wir für einen Menschen oder eine Sache empfinden. Es bezeichnet auch die Wochen vor Ostern. Die Passionszeit will die Erinnerung wachhalten an die Leidenszeit, die Jesus durchlebte. In dem Wort »Passion« steckt beides: Leiden und Leidenschaft. Die leidenschaftliche Liebe, die Jesus für die Menschen hatte, führt ihn ins Leiden, ist für ihn ein Weg, der im Tod am Kreuz endet. Ein Kreuzweg aus Liebe und Leidenschaft.

Der Weg des Leidens

In den Leidensgeschichten von Jesus zeigt sich auch die böse Seite der Menschen. Hier wird erzählt, wie Menschen auch miteinander umgehen: scheinheilig, heuchlerisch, wie Verräter, feige, lieblos, auf den eigenen Vorteil bedacht, ängstlich und gemein. Die Passionsgeschichten von Jesus zeigen das wirkliche Leben, wenn die Festbeleuchtung ausgeschaltet ist. Sie zeigen es im Licht der Liebe, die sich leidenschaftlich für Menschen einsetzt.

Ins Gespräch einsteigen

Passion erleben heißt auch, ins Gespräch einsteigen – ins Gespräch mit Jesus, ins Gespräch mit den Geschichten in den Evangelien, ins Gespräch mit unserer Wirklichkeit, ins Gespräch mit den drei Geschwistern Liebe, Leiden und Leidenschaft.
Die Geschichten aus dem Neuen Testament erzählen die Passion aus dem Blickwinkel der Jünger – auch die Gespräche mit Jesus in diesen Kapiteln sind von einem Jungen aus gedacht und von einem Mann geschrieben. Wären sie anders, wenn eine Jennifer von heute mit einem Petrus von damals reden würde?

GROSSMAUL

Ach Jesus,
Jens und ich wollten miteinander
ins Kino gehen.
Er hatte keine Zeit.
Wir haben uns zum Streetball verabredet.
Er ist nicht gekommen.
Da stand ich ganz schön dumm da,
wie bestellt und nicht abgeholt!
Und das war schon öfter so.
Dabei hab ich gedacht, wir sind Freunde!
Alles leere Versprechungen.
Das ärgert mich.
Ich glaub Jens kein Wort mehr.
Mit dem mache ich nichts mehr aus.
Nie mehr!

Dein Petrus ist doch auch so einer –
riskiert 'ne dicke Lippe und tut
ganz wichtig dabei:
Dass er dich nicht im Stich lässt,
dass er auf deiner Seite steht,
dass er sogar mit dir sterben würde,
wenn's denn sein müsste.

Als es Abend geworden war, kam Jesus mit den Zwölf dorthin. Während der Mahlzeit sagte er: »Ich versichere euch: Einer von euch wird mich verraten – einer, der jetzt mit mir isst.«
  Die Jünger waren bestürzt und einer nach dem anderen fragte ihn: »Du meinst doch nicht mich?« Jesus antwortete: »Einer von euch zwölf wird es tun ...« [aus Markus 14,17–20]

Es lag etwas in der Luft, als Jesus mit seinen Freunden zusammen saß und das Abendmahl feierte. Es roch nach Abschied, nach Auseinandergehen, nach Angst und Sterben. Es ist so schwer zu verstehen, dass auch der schwere Weg ein Weg der Liebe ist.

»Selbst wenn alle andern an dir irre werden – ich nicht!«, sagte Petrus.
  »Und wenn ich mit dir sterben müsste, ich werde dich ganz bestimmt nicht verleugnen!« [Markus 14,29.31]

167

Pah, große Worte.
Wenn's drauf ankommt, sind sie vergessen.
Bloß Worte eben.
Kein Hahn kräht mehr danach.
Ärgert dich das auch, wenn einer
den Mund so voll nimmt?

Petrus war unten im Hof. Eine Dienerin des Obersten Priesters kam vorbei. Als sie Petrus am Feuer bemerkte, sah sie ihn genauer an und meinte: »Du warst doch auch mit dem Jesus aus Nazaret zusammen!« Petrus stritt es ab. In dem Augenblick krähte ein Hahn.

Die Dienerin sagte zu den Umstehenden: »Der gehört auch zu ihnen!« Aber er stritt es wieder ab.

Kurz darauf fingen die Umstehenden noch einmal an: »Natürlich gehörst du zu denen, du bist doch auch aus Galiläa.«

Aber Petrus schwor: »Gott soll mich strafen, wenn ich lüge! Ich kenne den Mann nicht, von dem ihr redet.«

In diesem Augenblick krähte der Hahn zum zweiten Mal und Petrus erinnerte sich daran, dass Jesus zu ihm gesagt hatte: »Bevor der Hahn zweimal kräht, wirst du mich dreimal verleugnen ...«
Da fing er an zu weinen.
[aus Markus 14,66–72]

Im Hof des Obersten Priesters geschieht es: Petrus will mit seinem Jesus nichts zu tun gehabt haben. Er verleugnet ihn – und sich!

Weißt du, was mich wundert?
Dass du den Petrus nicht
einfach wegschickst.
Dass du ihm sogar den Becher mit Wein
reichst und sagst:
Wir bleiben Freunde, für immer.

Meinst du, der Petrus kann noch was
lernen, über große Worte, Freundschaft,
und tun, was man sagt, und so …?

> ***Während der** Mahlzeit nahm Jesus ein Brot, sprach das Segensgebet darüber, brach es in Stücke und gab es seinen Jüngern mit den Worten: »Nehmt, das ist mein Leib!« Dann nahm er den Becher, sprach darüber das Dankgebet, gab ihnen auch den und alle tranken daraus. Dabei sagte er zu ihnen: »Das ist mein Blut, das für alle Menschen vergossen wird. Mit ihm wird der Bund in Kraft gesetzt, den Gott jetzt mit den Menschen schließt.«*
> [Markus 14,22-24]

AUGEN ZU UND DURCH

Mensch, Jesus,
wie kann man freiwillig früh schlafen gehen?!
Ich muss immer schon um zehn
zu Hause sein und dann ab ins Bett!
Immer, wenn's am schönsten ist …
Und dabei bin ich noch richtig gut drauf.
Eine ganze Nacht mit dir durchmachen,
das wäre was für mich.
Ich würde bestimmt nicht einpennen. –
Das heißt: Wenn wir am nächsten Tag
eine Klassenarbeit schreiben,
dann würde ich am liebsten
im Bett bleiben. Ganz freiwillig.
Augen zu – und nichts mehr davon wissen.
Einfach alles verschlafen,
das Aufgeregtsein, die Angst
vor den Fehlern und die blöden Noten.

Die Augen zumachen.
Nichts mitkriegen wollen.
Einfach abschalten.
Weshalb eigentlich?

Es gibt Augenblicke, da braucht man dringend Freunde, die mit einem aushalten und für einen da sind. Kennst du das?

Angst und Schrecken befielen Jesus und er sagte zu Petrus, Jakobus und Johannes: »Ich bin so bedrückt, ich bin mit meiner Kraft am Ende. Bleibt hier und wacht.«

Dann ging er noch ein paar Schritte weiter und warf sich auf die Erde.

»Abba, lieber Vater«, sagte er, »alles ist dir möglich! Erspare es mir, diesen Kelch trinken zu müssen! Aber es soll geschehen, was du willst, nicht was ich will.«

Dann kehrte er zu den Jüngern zurück und sah, dass sie eingeschlafen waren. Da sagte er zu Petrus: »Simon, schläfst du? Konntest du nicht eine einzige Stunde wach bleiben?«
[aus Markus 14,32–37]

▶ *170*

Meinst du, deine Jünger haben auch
Angst gehabt, weil du doch vom Ende
gesprochen hast, vom Auseinandergehen,
sogar vom Sterben?!
Wer will das schon hören!
Das ist schlimmer als eine Klassenarbeit.
Meinst du, die wollten einfach abschalten,
nichts mehr sehen, nichts mehr hören,
nur schlafen?

Komisch: Du warst wach in dieser Nacht,
hellwach.
Dabei hattest du doch am meisten Angst,
oder?

Hellwach sein. Sehen, was ist.
Die ungeschminkte Wahrheit aushalten
und die Angst.
Was hilft dir dabei?
Wer hilft dir dabei?

Du hast mit deinem Vater
im Himmel gesprochen.
Reden gegen die Angst.
Wie mit einem guten Freund.
Das hilft, ich weiß.

Das ist vielleicht besser als
Augen zu und durch.
Beten gegen die Angst.
Und Gott hört, wie eine Mutter,
wie ein Vater, wie ein Freund.
Hast du das deinen
verschlafenen Jüngern gesagt?

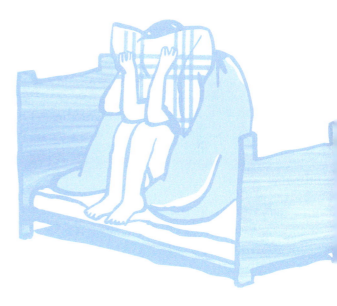

ABHAUEN IST SO LEICHT

Judas ging auf Jesus zu, begrüßte ihn mit »Rabbi!« und küsste ihn so, dass alle es sehen konnten. Da packten sie Jesus und nahmen ihn fest.

Jesus sagte zu den Männern: »Warum rückt ihr hier mit Schwertern und Knüppeln an, um mich gefangen zu nehmen? Bin ich denn ein Verbrecher?« ...

Da verließen ihn alle seine Jünger und flohen. [aus Markus 14,45–50]

Die einen fliehen in ihre Arbeit, weil sie das Miteinander zu Hause nicht aushalten. Andere fliehen in Tabletten, Drogen oder Alkohol, weil sie nüchtern zu ängstlich und schüchtern sind, kaum auf andere zugehen können. Beides aber ist Flucht vor der Wirklichkeit. Ob das hilft?

Abhauen, wenn Gefahr droht.
Einfach verduften, wenn's brenzlig wird.
Die Fliege machen,
wenn das Dableiben unangenehm ist.
Das kenn ich auch.
Bloß schnell weg, bevor der Hausmeister
die zerbrochene Scheibe entdeckt.
Bloß weg, bevor es Stress gibt
und Strafarbeit und so.
Den Niko aus der B-Klasse hat's erwischt.
Der war nicht schnell genug.
Nachsitzen. Er allein. Für uns alle.
Armer Kerl.
Manchmal zwickt es in mir drinnen
und dann denke ich:
ganz schön gemein von uns.
Der Niko hat den Ball
gar nicht geschossen.
Und wir sind abgehauen.

Jesus, was denkst du denn
über deine Jünger?
Die waren ja auch nicht anders.
Einer hat mit dem Schwert gefuchtelt
und den Rambo gespielt.
Aber den kennen wir ja.

▶ *172*

> **Simon Petrus** hatte ein Schwert. Er zog es, holte gegen den Bevollmächtigten des Obersten Priesters aus und schlug ihm das rechte Ohr ab. Der Bevollmächtigte hieß Malchus. Jesus sagte zu Petrus: »Steck dein Schwert weg! Diesen Kelch hat mein Vater für mich bestimmt. Muss ich ihn dann nicht trinken?« [Johannes 18,10–11]

Die anderen sind abgehauen,
als die Soldaten gekommen sind.
Du warst allein. Wieder einmal.
Warst du enttäuscht?
Hast du dich geärgert?
Hast du gedacht:
Was sind das für Feiglinge?

Du bist freiwillig da geblieben.
Wieso eigentlich?
Du bist schon vorher nicht abgehauen,
als sie immer wieder über dich tuschelten.
Du bist nicht einfach verduftet,
als es für dich brenzlig wurde.

Du hast dich nicht versteckt
im dunklen Garten Getsemani,
als sie dich holen wollten.
Wäre eigentlich ganz leicht gewesen.
Du hast durchgehalten.
Du bist gradegestanden für das,
was du gesagt und getan hast.
Bis zuletzt. Du allein.
Ganz schön mutig.
Du meinst, ich könnte …?

EINMAL DER KING SEIN

Sie nagelten Jesus ans Kreuz und verteilten dann seine Kleider. Es war neun Uhr morgens, als sie ihn kreuzigten. Als Grund für seine Hinrichtung hatte man auf ein Schild geschrieben: »Der König der Juden.«
[aus Markus 14,24-26]

Das Kreuz – Modeschmuck, Outfit in Silber, Gold oder Blech. In Wirklichkeit: Folterinstrument, Todeswerkzeug der übelsten Art. Das Kreuz durchkreuzt unser Vorstellungen von Größe und Macht. Ein König am Kreuz – ein Widerspruch in sich?

Jesus, kennst du Streetfighter II?
Ein megastarkes Videospiel.
Du musst schnell sein und andere
fertig machen.
Linker Haken, rechter Haken,
Fußtritt in den Magen – peng!
Das hätte ich gerne.
Aber Mama mag solche Spiele nicht.
Sie findet es blöd:
Andere niedermachen per Knopfdruck.

Sie sagt: Das Leben ist anders
und Sterben tut weh.
Das ist kein Spiel.
Das weiß ich auch.

Ist aber ein geiles Gefühl,
mal der Stärkere zu sein.
Andere einfach so umzupusten,
als wäre man der Größte.
Jeder will doch mal der King sein, oder?

Und wie ist das eigentlich mit dir, Jesus?
»Unser König«, sagt Oma immer.
Und dann lässt du dich von denen,
die unter deinem Kreuz stehen,
so verspotten und auslachen?!

Die Leute, die vorbeikamen, schüttelten den Kopf und verhöhnten Jesus: »Anderen hat er geholfen«, spotteten sie, »aber sich selbst kann er nicht helfen! Wenn er der versprochene Retter ist, der König von Israel, dann soll er doch jetzt vom Kreuz herunterkommen! Wenn wir das sehen, werden wir ihm glauben.« [aus Markus 15,39–32]

▶ *174*

Wie ein Schwächling.
Das versteh ich nicht, Jesus.
Du bist doch stark.
Du hast Power.
Du hättest doch deinen Engeln
befehlen können,
dass sie die ganzen Soldaten verhaften.
Du hättest doch das Kreuz
mit links zerbrechen können
und denen zeigen, wer hier der Boss ist.
Warum bist du nicht einfach
vom Kreuz herabgestiegen?
Das hätte echt Eindruck gemacht.
Aber du?!
Du lässt dir das alles gefallen.
Ist doch lasch, ehrlich!
»Unser König« mit einer Dornenkrone!
Wunderst du dich da, wenn die Leute
über dich lachen?
Oma sagt, die lachen alle nicht mehr,
wenn sie selber fertig gemacht werden,
wenn sie selber
auf der schwachen Seite stehen,
wenn das Leben schwer wird.
Und dann, sagt Oma,
dann hab ich meinen Jesus an der Seite.

Sein Kreuz ist das Zeichen,
dass er mich nicht allein lässt.
Auch nicht, wenn ich sterben muss.
Stimmt das, Jesus?
Das wäre ja eigentlich echt stark …

DEIN ENGEL HAT GUT REDEN ...

> *Am Abend* kamen Maria aus Magdala und die andere Maria, um nach dem Grab zu sehen. Da bebte plötzlich die Erde, denn der Engel des Herrn kam vom Himmel herab, trat an das Grab, rollte den Stein weg und setzte sich darauf. Als die Wächter ihn sahen, zitterten sie vor Angst und fielen wie tot zu Boden.
> Der Engel sagte zu den Frauen: »Ihr braucht keine Angst zu haben! Ich weiß, ihr sucht Jesus, der ans Kreuz genagelt wurde. Er ist nicht hier, er ist auferweckt worden, so wie er es angekündigt hat.«
> [aus Matthäus 28,1-6]
>
> Auferstehung, ewiges Leben – ich weiß nicht. Ich kann mir das nicht vorstellen. Aber wenn ich ehrlich bin, hoffe ich, dass der Tod nicht das letzte Wort hat, dass ich nicht nur eine »vorübergehende Erscheinung« bin. Trotzdem kann ich mir die Auferstehung nicht vorstellen. Zu viele »Wächter« stehen am Grab meiner Hoffnung und flüstern mir ins Ohr: Es kann nur sein, was du siehst und mit Händen greifen kannst.
> Ach Gott, schick mir auch einen Engel, oder ein Erdbeben, das meine Zweifel durcheinander bringt. Ab und zu wenigstens ...

Du, Jesus!
»Habt keine Angst!«, sagt dein Engel.
Das ist leichter gesagt als getan.
Wenn ich mir das so vorstelle:
Da ist auf dem Friedhof ein offenes Grab.
Manchmal, wenn ich auf Opas Grab
die Blumen gieße,
sehe ich so ein offenes Grabloch.
Mich gruselt das jedes Mal.
Dabei ist das doch schrecklich,
in so einem dunklen, feuchten Loch
zu liegen und tot zu sein. Oder?
Und dann ist da ein Fremder und sagt:
Der tote Jesus ist nicht mehr da.
Er ist auferstanden. Er lebt.
Habt also keine Angst!
Da erschrickt doch jeder,
wenn plötzlich alles irgendwie anders ist
und ein Toter lebendig sein soll!?

Du bist nicht tot, Jesus. Das weiß ich.
Du bist so lebendig, dass ich mit dir
reden kann.
So lebendig, dass ich dir
meine Angst erzählen kann.
So lebendig, dass ich am Grab
vom Opa denke:

Er ist nicht hier, er ist auferstanden
und bei dir, Jesus.
Und wenn ich selber Angst habe
vor dem Totsein,
dann nimmst du mich in Gedanken
in den Arm und sagst:
Hab keine Angst. Ich bin immer noch da.
Auch dann.

> **»Habt keine Angst!«,
> sagte Jesus zu ihnen. »Geht und sagt
> meinen Brüdern, sie sollen nach Galiläa
> gehen. Dort werden sie mich sehen.«
> [Matthäus 28,10]**
>
> Wo ist unser Galiläa?
> Dort, wo wir mitten in der Angst aushalten?
> Wo wir hoffen können, über uns hinaus?

Wenn du mich nicht allein lässt, Jesus,
dann fällt mir ein Stein vom Herzen.
Mindestens so groß wie der,
der von deinem Grab weggerollt ist.
Und dein Engel flüstert mir ins Ohr:
Hab keine Angst in der Angst!
Das ist wie eine Osterüberraschung,
immer wieder.

Passion heißt Leidenschaft

Meine ganz persönliche Passion – da werd' ich richtig leidenschaftlich:

Leere Netze –
voller Hoffnung

Da gibt es eine Geschichte, die beginnt eigentlich dort,
wo alle Geschichten zu Ende sind.
Sie beginnt mit dem Tod und dem Sterben.
In Jerusalem haben sie ihn gekreuzigt,
ihren Freund und Herrn und Meister.
Und so sind die Jünger nun nach Hause zurückgekehrt,
Petrus und Johannes und Andreas und die anderen,
nach Hause an den See Genezareth.
Keiner zog mehr mit ihnen durch das Land.
Keiner erzählte mehr von Gottes Liebe,
keiner konnte mehr den Kranken helfen.
Jesus ist tot.

AM BODEN ZERSTÖRT

Da sitzen die Jünger am Strand,
am Ufer des Sees.
Hier hatten sie früher Fische gefangen.
Simon, der später Petrus genannt wurde,
und Andreas und die anderen.
Dann haben sie alles liegen gelassen,
das Boot und die Netze.
Sie waren mit Jesus gegangen.
Aber jetzt sind sie wieder da, traurig
und allein und ohne Jesus.
Alles ist aus und vorbei.
Jesus ist tot.
Ihre große Hoffnung ist gestorben.
Ihre Freude ist wie weggeblasen.
Sie sind allein und traurig.
Was soll man da noch sagen?
Da stehen sie mit gesenktem Kopf.
Da hocken sie und vergraben
das Gesicht in den Händen.
Jesus ist tot.

*Traurigsein, nicht nur ein bisschen,
sondern so richtig von innen heraus.
Wer kennt das nicht: Du sitzt nur da
und merkst, irgendetwas ist wie tot in dir.
Weil eine Freundschaft zu Ende gegangen
oder dein bester Klassenkamerad
in eine andere Stadt gezogen ist.
Der Lehrer, den du mochtest,
hat eine andere Klasse übernommen.
Eine Arbeitskollegin, ein Nachbar
hat sich von dir getrennt.
Du hast Abschied nehmen müssen.*

*Du hattest einen Plan, eine Hoffnung –
nun sind sie gestorben.
Du hattest von etwas Schönem geträumt:
eine Reise, ein Erlebnis, ein Erfolg –
aber es kam anders.*

*Du hast etwas verpatzt: Ein gemeines Wort
ist über deine Lippen gekommen,
es hat jemanden tief verletzt.
Jetzt sprecht ihr nicht miteinander.
Jetzt ist ein Graben zwischen euch. Keine
Brücke führt hinüber auf die andere Seite.
Versöhnung ist nicht in Sicht.
Und es ist deine Schuld.*

*Und vielleicht hast du auch schon erlebt,
was noch viel schlimmer ist:
endgültigen Abschied, wirklichen Tod.*

*Das alles macht dich traurig.
Das Leben ist plötzlich kalt und sinnlos.
Du siehst keinen Ausweg mehr.
Alle Hoffnung ist erloschen,
alle Freude vergangen.
Wenn du das kennst,
dann ist diese Geschichte
auch deine Geschichte.*

ALLES UMSONST

Es wird Abend am See Genezareth.
Da steht Petrus auf und sagt:
»Ich gehe fischen, wie früher.
Was soll ich sonst tun? Jesus ist ja tot.«
»Warte, wir gehen mit!«,
rufen die anderen.
Das Boot ist schnell zur Ausfahrt
fertig gemacht.
Jeder Handgriff ist noch vertraut,
obwohl es schon Jahre her ist,
dass sie das letzte Mal zum Fischen
auf den See hinausgefahren sind.
›Es ist gut, wieder Fische zu fangen‹,
denkt Petrus.
Er macht die Netze zurecht
und wirft sie hinaus in die Tiefe.
So arbeiten sie die ganze Nacht.
Netze auswerfen und zurückziehen.
Auswerfen und zurückziehen.
Das kostet Mühe und Schweiß.
Und jedes Mal spüren sie es
bereits beim Zurückziehen:
Das Netz ist ganz leicht – und leer.
Kein einziger Fisch ist drin.
Alles umsonst!

Und dabei haben sie sich
so angestrengt ...
Dann wird es Morgen.
Die Sonne geht auf.
Sie holen das Netz ins Boot.
Es ist ganz leer.
Kein einziger Fisch!
Sie rudern ans Ufer zurück,
sind traurig und enttäuscht.
Ihr Herz ist so leer wie ihr Netz.
Alles ist leer.

*Du gibst dir alle Mühe
mit den Hausaufgaben,
büffelst und lernst vor der Klassenarbeit –
aber es war alles umsonst.
Du hast so viel getan
für einen anderen Menschen.
Du bist ihm entgegengekommen,
hast ihm geholfen.
Nun ist er fort, ohne ein Wort des Dankes.
Das alles enttäuscht dich.*

*Ja, manchmal ist es so:
Alle Anstrengung lohnt nicht,
weil du im Grunde selber
keine Hoffnung mehr hast.
Und einfach noch mal von vorne anfangen,
das geht nicht:
Zu viel ist kaputtgegangen – auch in dir.
Manchmal sind auch unsere Netze leer.*

FREMD – UND DOCH VERTRAUT

Sie rudern zurück und blicken zum Ufer.
Dort brennt ein Feuer,
daneben steht ein Mann.
Er ruft herüber: »Habt ihr nichts zu essen?«
»Nein«, antworten sie,
»wir haben nichts gefangen!«
Sie kennen den Mann nicht.

Es ist Jesus.
Er ist nicht tot.
Er lebt.
Er gehört nicht ins Grab.
Er gehört zu Gott.
Aber sie erkennen ihn nicht.
Sie denken ja: Jesus ist tot.

Da sagt der Fremde zu Petrus
und den anderen:
»Fahrt noch einmal hinaus auf den See.
Werft das Netz auf der rechten Seite aus.
Dann werdet ihr finden, was ihr sucht.«

Noch einmal hinausfahren?
Bei Tag, wenn die Fische so tief
im Wasser sind, dass die Netze
sie nicht mehr erreichen?

Trotzdem: Die Freunde tun,
was der Fremde gesagt hatte.
Sie fahren auf den See.
Sie werfen das Netz noch einmal aus.
Und beim Zusammenziehen des Netzes
spüren sie es:
Das Netz ist schwer.
So schwer, dass sie es
kaum ziehen können.
Es ist voller Fische.

 184

»Das ist ja wunderbar!«, ruft einer.
»Es ist fast wie damals,
als Jesus bei uns war.«
»War?«, fragt einer.
»Was wäre, wenn der Fremde
gar nicht so fremd ist?
Kann es denn sein, dass …
er es selber ist, unser Herr?«
»Er muss es doch sein, oder?«
»Ist das nicht ein Zeichen für uns?«
Sie zögern.
Sie sind unsicher.
Sie wissen noch nicht, was sie denken,
was sie glauben sollen.
Aber plötzlich ist eine Hoffnung da,
eine Freude und ein Gespanntsein.

*Gut, dass es solche Zeichen gibt,
Zeichen des Lebens,
Zeichen des lebendigen Herrn.
Du musst sie nur entdecken:*

*… Du triffst einen Menschen,
  der dich versteht, dich begleitet
  auf einem schweren Weg und dir
  neuen Mut gibt.
… Jemand streckt dir nach dem Streit
  die Hand entgegen zur Versöhnung.
… Einer sagt: Ich verzeihe dir, lass uns
  noch einmal von vorne anfangen.
… Du hast schon gar nicht mehr daran
  gedacht, aber plötzlich kommt eine
  und sagt: Danke! Weißt du nicht mehr,
  damals? Da hast du mir weitergeholfen.*

*Dann ist da plötzlich neue Hoffnung –
auch in dir.
Dann spürst du,
wie deine Netze voll werden.
Dann ist es wie ein Zeichen
der Nähe des Herrn und seiner Liebe.*

DEN HUNGER NACH LEBEN STILLEN

Da hat es Petrus nicht mehr
ausgehalten im Boot.
Er will wissen, ob es Jesus ist,
der dort am Ufer auf sie wartet.
Er springt aus dem Boot
und schwimmt ans Ufer.
Dort brennt ein Feuer.
Frisches Brot liegt bereit.
Als die anderen mit dem Boot
am Ufer angekommen sind,
sagt der Fremde: »Bringt von euren
Fischen mit und euren Gaben
und legt sie zu den meinen aufs Feuer.
Dann wollen wir miteinander essen.«

Die Jünger setzen sich ans Feuer.
Sie sehen ihn an.
Keiner wagt zu fragen: Wer bist du?
Und Jesus nimmt das Brot,
spricht ein Dankgebet,
bricht es auseinander,
teilt die Stücke aus und sagt:
»Nehmt und esst!

Da war ihnen alles so vertraut.
Da wussten sie es plötzlich ganz sicher:
Es ist Jesus, der Herr – er ist da.
Wir sind nicht allein.

Das ist nicht nur eine Petrusgeschichte.
Es ist unsere Geschichte.
Einer, der keine Hoffnung mehr hatte,
wurde plötzlich mutig.
Einer, der traurig war, wurde froh.
Einer, der Angst hatte, der sagte es weiter
in aller Offenheit: Jesus lebt.
Wir gehören zu ihm.
Wir gehören in sein Leben mit hinein.

Und ich höre Petrus sagen:
Wenn wir traurig und allein sind –
er steht am Ufer und wartet auf uns.
Wenn unsere Netze leer sind und unsere
Hoffnung klein – er spricht uns Mut zu:
Versucht es noch einmal.
Es wird nicht umsonst sein.
Wenn wir hungrig sind nach Leben –
er teilt mit uns das Brot.

*Und Jesus nimmt das, was wir mitbringen
an Gaben, an Fähigkeiten, an Fröhlichkeit
und Geschick, an Handanlegen und
Freundlichsein, und macht daraus
Osterspuren für die Welt.*

*Jesus am Ufer meines Lebens.
Jesus in Rufweite.
Jesus – auch in der Nacht.
Und Jesus, der Brot austeilt
und sagt: Das bin ich für euch.
Kraft zum Leben.*

Die Sache mit dem Brotbrechen

Sich an einen Tisch setzen

Das, was wir heute als »Abendmahl« bezeichnen, nennt das Neue Testament »Brotbrechen«. Gemeint ist ein gemeinsames Mahl, das Christen zur Erinnerung an Jesus feiern. Dieses Abendmahl knüpft an das letzte gemeinsame Mahl von Jesus mit seinen Jüngern an, das er kurz vor seinem Tod gehalten hat.

Die Jünger wissen, wie wichtig Jesus die Mahlgemeinschaft mit anderen Menschen war. Er holte gerade die an seinen Tisch, die von allen anderen verachtet und ausgestoßen wurden: Kranke, Römerfreunde, Prostituierte. Die Jünger haben auch miterlebt, wie aus vielen Tausend Menschen, die nach dem hungerten, was Jesus ihnen geben konnte, eine große Tischgemeinschaft zusammenwuchs. Sie wurden alle satt, weil Jesus ihr Gastgeber war, das »Brot des Lebens«, und sie Gemeinschaft und das Teilen lehrte (Johannes 6,1–14).

Mehr als Brot

Alle diese Erlebnisse mit Jesus waren seinen Freunden gegenwärtig, als Jesus bei ihrem letzten Mahl nach jüdischem Brauch das Brot nahm. Er dankte, brach es, gab es ihnen und sagte: »Nehmt alle davon. Das bin ich. Das ist mein Leben für euch. Das ist Leben.« (Markus 14,22)

Er macht mit dieser Zeichenhandlung noch einmal begreifbar, fassbar und verstehbar, was sein Leben ausmacht, was Leben überhaupt bedeutet.

Jesus nimmt das Brot: Leben, mein Leben, jedes Leben ist ein Nehmen, ist Bekommen, In-die-Hand-Nehmen. Leben heißt: Die leeren Hände werden gefüllt. Leben ist Nehmen. Ein Nehmen aus Gottes reicher Schöpfung, mit der er uns beschenkt.

Jesus dankt für das Brot: Leben, das nimmt – das heißt immer auch dankbar sein, heißt staunen, heißt Gott danken für alles, was er uns gibt.

Jesus bricht das Brot: Zum Leben gehört das Brechen und das Gebrochenwerden. Im Leben gibt es verwundete Hände und verletzte Seelen, gibt es Tränen und Leid. Auch das Schwere, das Verwundete, das Schwa-

188

che und Ängstliche, das uns Fehler machen und uns versagen lässt, ist Leben.
Erst wenn die Mauern zerbrechen, können Menschen zusammenkommen. So wie die raue Schale eines Weizenkorns aufbrechen muss, damit ein neuer Halm wachsen kann. Jesus sagt: Das ist mein Leben: Es ist wie Brot, das gebrochen wird, damit viele satt werden.
Jesus teilt das gebrochene Brot an seine Freunde aus: Mein Leib ist ein Teilen, ein Austeilen, ein Loslassen-können. Leben heißt teilen, heißt weitergeben von Hand zu Hand, heißt nehmen und geben.

Gemeinschaft mit Jesus
Jesus trägt seinen Jüngern auf: »Das tut zu meinem Gedächtnis.« (Lukas 22,19) Mit anderen Worten: Tut, was ich getan habe; lebt, was ich gelebt habe – und tut das Eure dazu! In der Geschichte von der Begegnung mit dem auferstandenen Jesus am See Genezareth ist das in einem schönen Bild eingefangen. Zum Brot, das Jesus für seine Freunde bereit hält, müssen sie auch selbst etwas beitragen: »Bringt von euren Fischen dazu! Dann wird geteilt!«

Die Jünger tragen das bei, was sie haben. Fische sind es, weil sie von Beruf Fischer sind. Sie tun ihren Teil dazu, so wie sie es am besten können. Niemand braucht sich nutzlos und unwichtig zu fühlen. In der Gemeinschaft mit Jesus wird aus vielen kleinen Teilen wieder ein Ganzes, das uns allen gut tut. Wenn das kein Grund zur Freude ist, für ein echtes Fest und eine fröhliche Feier für alle Sinne!
Das Abendmahl ist eine Einübung ins Leben. Denn Leben, wie Jesus es versteht, heißt nehmen, danken, brechen und gebrochen werden und teilen. Dazu sind wir alle eingeladen!

Leere Netze – voller Hoffnung

Große Träume, kleine Fische – was ich mir von Jesus und seiner Runde erhoffe:

190

Bibliografische Information der Deutschen Bibliothek
Die Deutsche Bibliothek verzeichnet diese Publikation
in der Deutschen Nationalbibliografie; detaillierte
bibliografische Daten sind im Internet über
http://dnb.ddb.de abrufbar

2003 Kreuz Verlag GmbH & Co. KG Stuttgart/ Zürich
Ein Unternehmen der Verlagsgruppe Dornier
Postfach 80 06 69, 70506 Stuttgart,
Tel. 0711/78 80 30
Sie erreichen uns rund um die Uhr unter
www.kreuzverlag.de

Satz und Layout: Dagmar Herrmann,
Grafik und Buchherstellung, Köln
Illustrationen: Sabine Kühn, Düsseldorf
Druck und Bindung: Appl, Wemding
Die Schreibweise entspricht den Regeln
der neuen Rechtschreibung.

ISBN 3 7831 2217 1